MTS

기도 학교

-지침서-

교회성장연구소

인사말

우리는 각자의 고유한 이름을 가지고 있습니다. 동시에 우리에게는 공통으로 지녀야 할 또 다른 이름이 있습니다. 바로 '작은 예수' 입니다.

'작은 예수' , 이것은 우리의 정체성이자, 삶의 목표가 되어야 합니다. 예수님의 가르침이 우리의 입을 통해 전파되어야 하고, 예수님의 사랑이 내 손을 통해 나눔으로 이어져야 합니다. 예수님의 발자국이 우리가 가야 할 길이 되어야 하고, 예수님의 마음이 우리의 성품을 지배해야 합니다.

이 세대에 이러한 '작은 예수' 들이 절실히 필요합니다. 나부터 작은 예수가 되기를 소원해야 하고, 더불어 우리 모두가 작은 예수라는 공통된 이름을 가져야 합니다. 서로가 각기 다른 존재이지만 작은 예수라는 같은 이름으로 하나 될 때, 그리고 그 이름에 걸맞게 예수 향기를 이 세상에 발할 때, 하나님 나라는 더욱 아름답고 넓게 확장되어갈 것입니다.

그렇다면, 어떻게 해야 작은 예수로서 살아갈 수 있을까요? 어떻게 해야 이 땅이 작은 예수들로 가득 넘칠 수 있을까요? 우리는 예수님의 사역에서 그 원리를 배울 수 있습니다. 예수님은 사랑하는 제자들을 세우셨고, 훈련시키셨습니다. 하나님의 뜻을 그들에게 가르치셨고 그 가르침대로 실천하게 하셨습니다. 그리고 무엇보다 그 훈련의 원리는 예수님이 먼저 본이 되어 주시는 것이었습니다.

작은 예수들이 무수히 일어나기 위해서, 예수님이 제자들에게 행하셨던 그

훈련이 우리 가운데 시작되어야 합니다. 이러한 비전을 품고 본격적으로 MTS 개정판을 출간하게 되었습니다. 특히 이번 개정판은 평신도 모두가 작은 예수화 되는 것에 목표를 삼고 있습니다. 머릿속에만 맴도는 지식 전수가 아니라, 삶의 변화를 이끄는 MTS를 기획하고 구성하게 된 것입니다.

MTS는 소그룹에서 활용하기에 더없이 유익한 교재입니다. 작은 예수가 되기 위한 핵심적인 내용을 소그룹 구성원과 함께 배우고 익힐 수 있습니다. 그리고 그 배움이 앎으로만 그치지 않고, 각자의 삶의 자리에서 열매 맺히도록 도와줍니다. 함께 생각과 삶을 나누고 점검할 수 있는 기회를 마련해 주는 것입니다. MTS를 통한 교육과 훈련은 단지 공부가 아니라, 교제이자 선교이며 삶의 예배입니다.

또한 MTS는 총 10개의 학교로 진행됩니다. 이것은 평신도들이 균형있는 신앙생활을 할 수 있도록 돕습니다. 예수님을 따르기 위해 필요한 핵심 사항들을 체계적으로 정리하여 편성하였기 때문에 누구나 쉽게 배우고, 익히고, 나눌 수 있습니다.

MTS 개정판을 통해 이 땅에 작은 예수가 더 많이 세워지기를 소망합니다. 그렇게 세워진 작은 예수들이 가정과 교회를 변화시키고, 더 나아가 우리 사회와 나라의 희망이 되기를 꿈꾸어 봅니다.

2012. 9

여의도순복음교회 담임목사 **이 영 훈**

들어가는 말

기도 학교는 기도에 대한 올바른 이해를 하고 기도의 방법에 대해서 배우는 과정입니다. 이를 기반으로 기도훈련을 쌓아 가고 하나님과 교제하는 기도자가 되는 것을 목표로 삼고 있습니다.

총 8과로 구성된 기도 학교는 세 단계로 분류됩니다. 첫 번째 단계는 기도에 대한 이해를 다지는 과정입니다. 기도에 대한 이해와 더불어 성경에 나타난 기도의 모습에 대해서 살펴보게 됩니다. 이로써 기도의 중요성에 대해서 다시 한 번 깨닫고, 기도자로서 바로 서기 위한 결단을 하게 됩니다.

두 번째 단계는 기도자로 사는 삶을 살기 위한 구체적인 방법들이 제공됩니다. 기도의 기본적인 방법과 기도를 생활화하기 위한 훈련 방법을 배우게 됩니다. 더불어 기도와 짝을 이루는 응답에 관해 공부함으로써 올바른 기도, 응답받는 기도를 하기 위한 길을 찾게 됩니다.

세 번째 단계는 기도훈련을 위한 네 가지 모델을 다루게 됩니다. 이 외에도 다양한 기도모델들이 있겠지만 교재에서 제시된 모델들을 통해 기도의 방법을 배워 간다면, 하나님과 깊은 교제를 나누는 것이 그리 어렵지 않음을 깨닫게 될 것입니다.

기도훈련은 이론적인 방법을 잘 배운다고 해서 가능해지는 것이 아닙니다. 올바르고 깊은 기도를 하기 위해서는 성령님을 전적으로 의지해야 합니다. 그러므로 성령님 안에 먼저 거하고 그 가운데서 다양한 기도의 길을 배우시기를 바랍니다. 그런 모든 과정 가운데서 하나님과 영적 소통을 이루고 기도의 능력을 매일 체험하는 기도자가 되기를 기대합니다.

MTS를 소개합니다

1. MTS 소개

| 목적 |

- MTS는 SFS(Spiritual Formation Series – 영적 성장 시리즈)로서, 평신도를 작은 예수의 삶을 사는 사역자로 세우는 시스템입니다.
- 평신도 사역자를 체계적으로 양육할 수 있는 시스템을 교회에 제공합니다.

| 특징 |

- MTS(Ministry Training School, 평신도 사역자 훈련 학교)는 평신도를 작은 예수의 삶을 살도록 하기 위해서 제자훈련, 셀 그리고 멘토링과 코칭의 원리를 통합적으로 접목한 훈련 시스템입니다.
- 약 2년이라는 단기간에 10가지 과정을 훈련함으로써 사역에 필요한 사명과 자질을 준비할 수 있습니다.

| 실행 및 운영 |

- 인원은 개 교회에 따라 대략 다음과 같이 구성할 수 있습니다.

규모	인원
소형 교회	5-10명
중형 교회	10-20명
대형 교회	20-40명

- 대그룹 모임과 소그룹 모임이 필요한데, 대그룹 모임은 전체 인원이 함께 모입니다. 소그룹 모임은 한 그룹 당 5-7명씩 묶습니다.
- 모임은 주제 강의, 소그룹 토론 및 기도회 등으로 이루어집니다.
- 약 2년 과정을 마친 사람들을 다양한 사역현장으로 파송합니다.

| 구성 |

- 먼저 **정규 과정**은 작은 예수의 삶을 살기 위한 '그리스도 알아가기, 따라하기, 섬기기'라는 목표 아래 평신도를 사역자로 세우는 과정입니다.
- 또한 **특별 과정**은 정규 과정을 이수한 사람들이 실제적인 삶에서 작은 예수로 성장하도록 돕기 위한 심화 과정입니다.

2. MTS 약자의 의미

| 명칭 |

Ministry 사역자
Training 훈련
School 학교

| 역할 |

Mentoring or Modeling 가르치는 자의 역할
Training 배우는 자의 역할
Systematizing 시스템을 통해 운영

| 단계 |

Making Believers 신자화
Training as Disciples 제자화
Serving as Workers 사역자화

3. 정규 과정의 구성 및 기간

1) **신자화 과정** : 그리스도 알아가기(1개월 차 평신도)
   신앙 입문 학교(4주)

2) **제자화 과정** : 그리스도 따라가기(1년 차 평신도)
   성경 가이드 학교(8주) – 큐티 학교(4주) – 예배 학교(8주) – 성령 학교(8주) / 성령축제(인텐시브 코스)

3) **사역자화 과정** : 그리스도 섬기기(2년 차 평신도)
   소그룹 리더 학교(8주) – 전도자 훈련 학교(8주) – 새가족 양육자 학교(8주) – 가정 행복 학교(8주) – 기도 학교(8주)

4. 특별 과정의 구성

특별 과정은 일정한 순서가 정해져 있지 않습니다. 일반 과정을 수료한 사람 혹은 교회의 필요에 따라 원하는 학교를 교육받을 수 있습니다.

특별 과정은 분야별로 다음과 같이 분류됩니다.

MTS 특별 과정	
	• 교회 성장 학교 • 부흥 학교 • 주일 교사 학교 • 사랑받기 위해 태어난 사람
	• 조용기 목사의 리더십 학교 • 셀프 리더십 학교 • 리더십 개발 학교
	• 4차원의 영성 리더십 학교 • 4차원의 영성 중보 기도 학교 • 4차원의 영성 전도 학교
	• 4차원의 영성 학교 • 영적 교제 학교 • 찬양 학교 • 하나님의 소명 학교
	• 가정 성장 학교 • 결혼 예비 학교
	• 크리스천 웰빙 학교 • 크리스천 재정 학교 • 사회 봉사 학교 • 대화 학교

5. MTS 모임 형태와 순서의 예시

※ 예시 자료이므로, 각 교회의 상황에 맞게 바꿔서 활용할 수 있습니다.

시간	순서	담당자	진행방법
6:40 – 7:00	찬양	봉사자들	찬양으로 모임을 시작합니다.
7:00 – 7:10	기도	봉사자들	강의 시작 전 함께 기도합니다.
7:10 – 7:30	주제 강의	담임 목회자	20분 동안 교재의 내용을 쉽고 재미있게 강의 형태로 진행합니다.
7:30 – 7:40	티타임	봉사자들	소그룹별로 흩어지는 과정에서 잠시 교제하며 차를 마십니다.
7:40 – 8:20	소그룹 모임	소그룹 리더	4W : Welcome(아이스브레이크), Word(주제강의 반복), Witness(삶의 나눔), Work of Prayer(기도 사역). ※ 목회자는 매주 1개 그룹씩 돌아가면서 참석합니다.
8:20 – 8:40	대그룹 기도회	담임 목회자	담임 목회자가 제시하는 기도 제목이나 소그룹에서 나온 중보 기도 제목을 놓고 함께 기도하고 마무리합니다.

6. MTS 일정

※ 한 과정별로 다음과 같이 진행되며, 8주가 끝나면 워크샵을 진행합니다(4과까지 있는 교재는 4주에 마치게 됩니다).

주	1주	2주	3주	4주	5주	6주	7주	8주	
교재	1과	2과	3과	4과	5과	6과	7과	8과	워크샵
과별 사역	각 과에 필요한 과 외 프로그램을 그때마다 진행합니다.								

※ 워크샵은 다음과 같이 진행할 수 있습니다(당일, 1박 2일, 2박 3일의 세 가지 프로그램 종류가 있습니다. 교회 상황에 맞게 선택한 후, 유동성 있게 조정하여 운영합니다. 1박 2일, 2박 3일 프로그램은 「실행 매뉴얼」에 제시됩니다).

| 워크샵 당일 프로그램 |

시간	순서	진행방법
10:00 – 10:50	예배	한 학교를 끝내게 된 것에 대해 감사예배를 드립니다. 찬양을 10분 정도 드린 후, 약 40분 정도 예배를 드립니다.
10:50 – 11:00	휴식 및 광고	잠시 쉬면서 오늘 일정에 대해 광고합니다.
11:00 – 12:00	1차 복습(1–4과)	한 과당 15분 정도로 복습합니다. 배운 핵심 내용을 완벽하게 익힐 수 있게 합니다.
12:00 – 1:00	식탁 교제	함께 식사하며 교제를 나눕니다.
1:00 – 1:30	휴식 및 찬양	식사 후 잠시 휴식시간을 갖고 오후 일정에 들어가기 10–15분 전부터 찬양을 시작합니다. 찬양과 함께 다음 순서를 시작합니다.

1:30 – 2:30	2차 복습(5–8과)	한 과당 15분 정도 복습 시간을 갖습니다. 배운 핵심 내용을 완벽하게 익힐 수 있게 합니다.
2:30 – 2:40	휴식	소그룹 모임을 위해 자리 이동을 합니다.
2:40 – 4:00	소그룹 간증	배운 내용을 적용하고 실천하는 것과 관련하여, 소그룹 구성원끼리 간증을 나눕니다. 대그룹 간증 시간에 대표로 발표할 구성원을 선정합니다.
4:00 – 4:10	휴식	쉬면서 다시 대그룹 모임을 위해 자리 이동을 합니다.
4:10 – 5:30	대그룹 간증	소그룹의 대표가 나와서 소그룹 간증 때 나누었던 간증을 발표합니다. 소그룹 내에서만 나누었던 간증을 모두가 함께 공유할 수 있습니다. 이때 발표만 할 것이 아니라, 질문이나 조언 등도 함께 나눌 수 있게 합니다.
5:30 – 7:00	식탁 교제(파티)	점심때보다 긴 시간을 할애하여 파티를 엽니다. 한 학교를 마치는 동안 수고한 것을 서로 격려하는 자리를 갖습니다.
7:00 – 8:00	결단의 시간 및 예배	마무리하는 예배를 드리고 예배 끝 부분에 결단의 시간을 갖습니다. 결단 목록을 미리 준비하여 함께 읽는 시간을 갖습니다. 결단 목록은 실행 매뉴얼에 제공됩니다.

MTS 개정판 매뉴얼

오늘 우리는…

이 과의 전체 학습 목표와도 같습니다.

이 과를 통해 궁극적으로 알아야 할 것이 무엇인지를 먼저 파악할 수 있게 합니다.

마음 문 열기

이 과의 학습 내용과 관련된 예화가 제시됩니다.

이어질 학습 내용을 이야기를 통해 먼저 쉽게 접할 수 있습니다.

여기서 잠깐

예화를 읽고 나서 생각을 스스로 점검할 수 있게 해주는 질문이 마련되어 있습니다.

잠깐의 묵상을 통해 좀 더 진지하게 학습 내용에 임할 수 있게 합니다.

배움과 익힘

본격적인 학습 내용이 제시되어 있는 공간입니다.

중제목(1, 2, 3...)과 소제목(가, 나, 다...) 틀 안에 반드시 알아야 할 내용이 정리되어 있기 때문에 누구나 쉽게 학습할 수 있습니다. 또한 학습 내용을 뒷받침해 주는 성구들이 삽입되어 있습니다.

더불어 나눔

이 과를 공부하고 난 후, 소그룹 구성원과 나눌 수 있는 질문과 묵상 및 결단들이 제시되어 있습니다.

배운 내용을 토대로, 혹은 각자의 경험에 기반하여 솔직하게 대화할 수 있습니다.

마음 밭에 심기 – 주제 말씀 암송

배움과 익힘에 나온 여러 성구 중, 대표적이면서도 특별히 기억하면 좋은 성구가 제시되어 있습니다.

주제 말씀 암송과 더불어 말씀대로 실천하고자 노력한다면 이 과를 더욱 풍성히 삶에 적용할 수 있을 것입니다.

마음에 새기기

이 과에서 다루어진 내용을 최종적으로 점검할 수 있는 공간입니다.

배움과 익힘의 내용이 중제목, 소제목별로 한 두 문장씩 정리가 되어 있기 때문에 복습하기에 유리합니다.

참고문헌 및 추천도서

참고했던 도서와 추가로 참고하면 좋은 도서들이 제시되어 있습니다.

개인적으로 공부를 더 하고자 할 때 도움이 됩니다.

Contents

제1과

기도에 대한 이해

오늘 우리는...

- 이 과를 통해, 기도의 의미와 본질에 대해 알게 됩니다.
- 이 과를 통해, 기도해야 하는 이유에 대해 알게 됩니다.

▶▶▶ 이 과에서는 기도에 대한 바른 이해를 하고, 기도의 본질을 파악하게 됩니다. 이와 더불어 이 과는 기도의 중요성을 깨닫는 것을 목적으로 삼습니다. 인도자는 이 과정을 통해 기도자로서 바로 서기 위한 기본기를 가지게 된다고 전합니다.

마음 문 열기

FKM 대표이사인 신재수 집사의 일화입니다. 그는 한때 ATM 자동 입출금기 생산업체 회사의 대표였고, 상공부 장관상과 장영실 기술상을 수상하며 승승장구했습니다. 그런데 IMF로 그의 회사가 부도나게 되었습니다.

그러던 어느 날 가까운 친구가 찾아와서 유명한 점쟁이를 소개해 주며 찾아 가보라고 했습니다. 결국 주소를 받아든 그는 아내와 함께 점쟁이 집까지 찾아갔습니다. 그런데 문 앞까지 간 그는 갑자기 망설여지기 시작했습니다. 믿음은 없었지만 가끔 교회에 나가

고 있었기 때문입니다. 이때 옆에 있던 아내가 "여보, 당신 망설여지죠? 우리 주님 앞에 나가 엎드려 기도합시다. 새벽에 부르짖어 기도합시다."라고 말했습니다.

부부는 그 길로 발걸음을 돌이켜서 교회에 왔습니다. 그때부터 새벽에 무릎을 꿇고 통곡하며 기도하기 시작했습니다. 그렇게 아무 노력 없이 기도만 하며 하나님께 매달렸는데 놀라운 역사가 일어났습니다. 사업 파트너였던 일본의 후지쯔에서 한국에 회사를 설립해 주겠다며 제안을 한 것입니다. 그뿐만 아니라 새로 설립된 회사의 사장을 맡아줄 것까지 부탁했습니다.

그로부터 십여 년이 넘도록 그는 하루도 빠짐없이 매일같이 새벽에 나와 주님께 부르짖고 있습니다. 기도의 삶 속에서 하나님의 풍성한 은혜를 누리며 살고 있고 세계를 감동시킨 CEO에 선정되기도 했습니다.

▶▶▶ **기도의 중요성과 능력을 알면서도 정작 문제가 생겼을 때는 인간적인 방법을 먼저 떠올리는 것이 현실입니다. 인도자는 예화에서 모든 방법을 다 제쳐놓고 기도했을 때 어려움이 극복되었다는 것에 주목할 수 있게 합니다. 이로써 기도는 막연한 방법이 아니라 가장 분명한 해결책임을 기억하자고 말합니다.**

여기서 잠깐

삶 속에서 해결하기 어려운 문제가 다가왔을 때,
우리가 가장 먼저 하게 되는 행동은 무엇입니까?

▶▶▶ 인도자는 최근 어려운 문제를 겪은 적이 있다면 그때의 상황을 떠올려 보라고 말합니다. 기도의 중요성을 알면서도 정작 실제 상황에서는 기도 대신 다른 것을 먼저 찾지는 않았는지 돌아보면서 이 과를 시작하자고 말합니다.

배움과 익힘

▶▶▶ 이 과에서는 기도의 정의를 먼저 배운 후, 기도의 본질적 의미로 들어가게 됩니다. 그리고 최종적으로 기도의 가치를 확인하게 됩니다.

1. 기도에 대한 정의

가. 기도의 정의

기도는 '우리가 구할 때 하나님이 들으시고, 하나님이 응답하실 때 우리가 듣는 행위'라고 할 수 있습니다. 시편 34편 4절과 11절은 기도의 정의를 잘 나타내 주고 있습니다.

> 내가 여호와(야훼)께 간구하매 내게 응답하시고
> 내 모든 두려움에서 나를 건지셨도다……
> 너희 자녀들아 와서 내 말을 들으라
> 내가 여호와(야훼)를 경외하는 법을 너희에게 가르치리로다 시편 34:4, 11

그러므로 기도는 간단하게, '하나님과의 대화' 라고 정의내릴 수 있습니다.

▶▶▶ 인도자는 기도가 하나님과의 친밀한 교제를 완성시켜 주는 역할을 한다고 전합니다. 하나님께서는 성경을 통하여 우리에게 말씀하시며, 우리는 기도로써 하나님께 응답하는 것입니다. 또한 우리는 기도를 통해 하나님께 우리의 마음을 전할 수 있습니다.

▶▶▶ 또한 기도는 하나님의 능력이 나타나게 하며, 영적 싸움에서 승리할 수 있게 해줍니다. 우리는 기도를 통해서 삶을 변화시키는 하나님의 능력을 체험할 수 있습니다. 즉, 사람의 뜻을 이루는 것이 아닌 그리스도의 뜻을 이루게 할 수 있습니다.

나. 기도대상자의 정의

우리는 성령님의 도우심을 힘입어 예수 그리스도의 이름으로 하나님 아버지께 기도해야 합니다. 즉, 우리의 기도는 성자 예수님으로 말미암아 유효하게 되고, 성령 하나님에 의해 성부 하나님께 전달됩니다.

> 내 이름으로 무엇이든지 내게 구하면
> 내가 행하리라 요한복음 14:14
>
> 사랑하는 자들아 너희는 너희의 지극히 거룩한 믿음 위에
> 자신을 세우며 성령으로 기도하며 유다서 1:20

▶▶▶ 예수님은 자신만이 아버지께로 나아올 수 있는 유일한 길이라고 말씀하셨습니다. 즉, 예수님은 하나님과 우리 사이의 유일한 중보자이십니다(디모데전서 2:5). 예수님은 우리가 그의 이름으로 구하면 우리에게 주겠다고 약속하셨습니다(요한복음 14:14). 인도자는 이 사실을 믿고 의지하며 기도해야 한다고 전합니다.

다. 기도자의 정의

기도자는 예수 그리스도께 속한 사람이며 예수 그리스도의 권세와 이름으로 나오는 사람입니다. 그러므로 진정한 기도는 예수 그리스도 안에서 하나님의 자녀가 된 사람만이 할 수 있습니다.

> 예수께서 이르시되 내가 곧 길이요 진리요 생명이니
> 나로 말미암지 않고는 아버지께로 올 자가 없느니라 요한복음 14:6

▶▶▶ 인도자는 추가로 기도에 대해 다음과 같이 정리하여 설명합니다.

1) 기도는 자기 혼자서 하는 참선이나 명상이 아닙니다. 기도는 살아 계신 하나님께 드리는 것입니다.

2) 기도는 세상의 다른 종교의 신에게 간구하는 것과 다릅니다. 기도는 예수님을 믿는 사람이 예수님의 이름으로만 할 수 있습니다(요한복음 16:24).

3) 기도는 나의 소원을 일방적으로 청구하는 것이 아닙니다. 기도의 목적은 하나님과의 관계를 더욱 깊게 하는 데 있습니다.

4) 기도는 예배 때 공식석상에서만 드리는 것이 아닙니다. 기도의 시작은 골방에서 이루어집니다(마태복음 6:6).

5) 기도는 종교적인 말을 의미 없이 되풀이하는 것이 아닙니다. 기도는 구체적인 내용을 전달하는 것입니다(마태복음 6:7).

2. 기도의 본질

가. 하나님과의 영적 교제

기도는 영적인 대화입니다. 대화는 일방적으로 말하는 것이 아니라 쌍방으로 말하는 것입니다. 즉, 소통이 이루어지는 것입니다. 그러므로 기도는 하나님께 말하고, 하나님의 말씀을 듣는 것입니다. 더 나아가 들은 말씀대로 순종하는 것입니다.

진정으로 기도하는 성도는 하나님께 나의 말을 전하는 데 그치는 것이 아니라 하나님이 말씀하실 것을 기대하고 귀를 기울여야 합니다.

> 내가 하나님 여호와(야훼)께서 하실 말씀을 들으리니
> 무릇 그의 백성, 그의 성도들에게 화평을 말씀하실 것이라…… 시편 85:8

▶▶▶ 인도자는 시편 85편 8절에서 '그의 백성'이라는 말에 주목하자고 전합니다. 하나님께서는 조건 없이 먼저 이스라엘을 선민(選民)으로 택하시고, 그들의 부르짖는 소리에 귀 기울여 주셨습니다. 그런데 '그의 백성'에는 오늘날의 성도들 역시 포함됩니다. 성도 역시 살아 역사하시는 하나님의 영원하신 뜻 가운데 부르심을 받은 자들입니다. 그러므로 우리는 하나님께 간구할 수 있고 응답받을 수 있습니다.

▶▶▶ 하나님은 살아 계셔서 우리가 기도할 때마다 들으시고, 우리의 필요를 채우시는 인격적이며 사랑이 많으신 분입니다. 본래 하나님은 거룩하셔서 백성과는 구별된 위치에 계십니다. 그러나 그 거룩하신 하나님이 우리가 기도할 때마다 우리 가운데 임재하십니다. 그리고 간구하기만 하면, 하나님께서는 마치 아비가 자식의 요구에 응하듯 항상 귀를 기울여 주십니다(마태복음 7:9-11).

인도자는 하나님의 위치를 다시 한 번 상기시켜 주고, 그럼에도 하나님은 가장 가까이에서 우리의 간구에 귀 기울이신다고 전합니다.

나. 기도는 영적 호흡

하나님은 우리가 기도할 때 우리의 기도를 듣고 계십니다. 하나님께 기도하는 것은 육신이 호흡하는 것 같이 우리의 영도 하나님과 대화하며 영적 호흡을 하는 것입니다.

> 우리 하나님 여호와(야훼)께서 우리가 그에게 기도할 때마다
> 우리에게 가까이 하심과 같이
> 그 신이 가까이 함을 얻은 큰 나라가 어디 있느냐 신명기 4:7

우리는 영적인 호흡을 통해 하나님이 주시는 사랑의 숨결을 느끼게 됩니다. 그리고 그 사랑에 힘입어 하루하루를 살아가게 됩니다. 우리는 기도가 영적 호흡이라는 사실을 통해 이것이 우리의 삶에 없어서는 안 될 요소임을 알 수 있습니다.

▶▶▶ 인도자는 부모의 숨결을 제대로 접해 보지 못한 고아들을 예로 듭니다. 그런 고아들은 대체로 정서가 불안한 경우가 많은데, 그 이유는 부모와 호흡을 주고받지 못했기 때문입니다. 가까이에서 부모의 숨결을 느끼지 못하면, 성장하면서 안정감을 누리지 못합니다. 하나님의 숨결을 받고 창조된 인간 역시 하나님과 호흡을 주고받아야 합니다. 기도라는 영적 호흡을 통해서 사랑의 숨결을 느껴야 합니다. 그 숨결을 통해 우리는 차가운 마음을 녹이고 어디에서도 얻을 수 없는 평안을 누리게 됩니다.

다. 문제 해결의 열쇠

하나님은 구하는 자에게 반드시 응답하십니다. 물론 하나님이 응답하시는 방법은 인간의 생각을 초월하기 때문에, 인간의 시각으로 보기에는 응답이 늦거나 없는 것으로 느껴질 수 있습니다. 그러나 하나님은 우리에게 가장 적당한 때에 가장 좋은 것으로 분명히 응답하십니다.

하나님의 응답을 통해 우리는 가장 최고의 방법으로 문제를 해결하는 은혜를 누릴 수 있습니다. 그리고 응답하시는 하나님의 역사 속에서 하나님이 전지전능한 분이시며 우리의 기도를 들으시는 사랑의 하나님임을 알 수 있습니다.

> 너희 중에 누구든지 지혜가 부족하거든
> 모든 사람에게 후히 주시고 꾸짖지 아니하시는 하나님께 구하라
> 그리하면 주시리라 야고보서 1:5

▶▶▶ **인도자는 인간이 가지고 있는 지혜의 불완전성과 연관하여 이 성구에 대해 설명합니다. 인간의 지혜는 항상 불완전하여 온전한 인내를 이룰 수 없습니다. 그뿐만 아니라 인간의 생각이나 이성은 잘못된 길로 빠지기 쉽습니다. 특히 환난이나 고난이 닥치면 그 가운데서 기뻐하는 마음을 가지기가 어렵습니다. 극복에 대한 지혜를 가지고 있다고 하면서도 정작 문제 앞에 서면 의지가 무너지곤 합니다. 그래서 야고보는 시련을 온전히 이기기 위해서 하나님으로부터 오는 지혜가 필요하다고 전하고 있는 것입니다.**

라. 영적인 훈련

스포츠 선수가 아마추어에서 프로가 되기까지 꾸준히 훈련해야 하

는 것처럼, 우리도 작은 예수로 성장하기 위해서는 매일매일 영적 훈련을 해야만 합니다. 영적인 훈련의 기본은 기도입니다. 기도는 하나님과 소통하는 것이기 때문에 하나님의 뜻 가운데서 나 자신을 올바르게 발견할 수 있게 해줍니다. 그뿐만 아니라 영적으로 올바른 방향과 올바른 방법을 설정할 수 있게 해주고, 잘못된 것은 바로 고쳐나갈 수 있게 해줍니다.

결국 기도로 영적 훈련을 해나가면 우리의 인생은 놀랍게 변화되어갑니다. 실제로 영적 성장과 성숙을 이루었던 신앙의 위인들은 기도의 사람들이었습니다. 아브라함, 모세, 다윗, 다니엘, 바울, 요한 웨슬리, 죠지 뮬러 등은 모두 기도로 영적 훈련을 쌓아간 사람들입니다.

하나님의 말씀과 기도로 거룩하여짐이라 디모데전서 4:5

▶▶▶ **영적생활에서 정상에 오른 사람들은 아무리 거칠고 험난한 길을 갈지라도 늘 기도의 행로를 걸어갔다는 공통된 특징을 가지고 있습니다.**
인도자는 몇 가지 사례를 설명합니다. 사무엘 러더포드는 그리스도를 위해 헤아릴 수 없을 만큼 많은 일을 한 사람인데, 그는 매일 아침 3시에 일어나서 하나님과 대화하는 시간을 가졌습니다. 탁월한 지도자 앤드류 주교는 하루에 다섯 시간 이상을 기도와 성경을 공부하는 데 보냈습니다. 마틴 루터는 "매일 아침 두 시간 기도하지 못한다면, 마귀가 그날을 빼앗아 버릴 것입니다. 지금 나는 해야 할 일이 너무 많기 때문에 하루에 세 시간 기도하지 않을 수 없습니다."라고 말했습니다. 요한 웨슬리는 그의 일기장 여백에 "쉬지 말고 기도하라"고 기록해 놓았습니다. 그가 쓴 일기를 보기만 해도, 그는 끊임없이 기도하는 자세를 우선순위에 두고 살았다는 것을 알 수 있습니다.

3. 기도를 해야 하는 이유

가. 하나님의 뜻이자 명령이기 때문에

하나님께서 가장 원하시는 것은 우리와의 교제입니다. 하나님은 우리를 사랑하시기 때문에 창조하셨고, 사랑을 계속 유지하기 위해 기도로 대화하기를 원하십니다. 우리는 기도가 유익이 필요할 때만 하는 선택사항이 아니라 창조된 인간으로서 마땅히 감당해야 할 의무임을 기억해야 합니다.

또한 우리는 기도가 하나님의 명령임과 동시에 인간이 누릴 수 있는 영광스러운 권리라는 사실도 기억해야 합니다.

> 쉬지 말고 기도하라 범사에 감사하라
> 이것이 그리스도 예수 안에서 너희를 향하신
> 하나님의 뜻이니라 데살로니가전서 5:17-18

나. 하나님의 뜻을 알기 위해서

우리는 교회 안에서, 밖에서 말씀을 전하고 봉사를 함으로 하나님의 사랑을 이웃들에게 나누어 줍니다. 그런데 이때 우리가 사람의 생각과 지식을 의지한다면 실수와 문제가 생기게 됩니다.

사울 왕은 준수하고 겸손한 자로 이스라엘의 초대 왕으로 세워졌지만, 나라를 다스릴 때 하나님의 뜻보다 사람의 뜻을 앞세워 결국은 하나님께 버림받은 자가 되었습니다. 그러므로 우리는 주인 되신 하나님께 기도로 지혜와 총명 그리고 하나님의 뜻을 구하고, 그 뜻에 순종하여 인생의 모든 일을 하나님 보시기에 좋은 모습으로 살아야만 합니다.

> 이로써 우리도 듣던 날부터 너희를 위하여
> 기도하기를 그치지 아니하고 구하노니 너희로 하여금
> 모든 신령한 지혜와 총명에 하나님의 뜻을 아는 것으로
> 채우게 하시고 골로새서 1:9

다. 하나님의 역사하심을 깨닫기 위해서

하나님은 사람이 알 수 없는 방법으로 모든 일을 능히 다 해내실 수 있습니다. 하지만 그럴 때 사람들은 하나님이 그 일을 행하셨다는 것을 알지 못합니다. 그러므로 하나님은 우리의 기도를 통해 하나님의 일을 이루어 나가십니다. 기도하고 응답되는 과정들을 통해, 하나님이 철저하게 개입하셨고 그 일들을 완성해 가셨음을 알게 하십니다.

즉, 기도는 하나님이 살아 계시고 역사하시는 분임을 알게 해주는 중요한 방법입니다. 기도를 통해 역사하시는 하나님의 방법 속에서 믿는 자들은 하나님의 인도하심을 더욱 생생하게 느낄 수 있습니다. 그뿐만 아니라 믿지 않는 자들도 그 가운데서 하나님이 살아 계심을 깨달을 수 있습니다.

> 내가 지존하신 하나님께 부르짖음이여
> 곧 나를 위하여 모든 것을 이루시는 하나님께로다 시편 57:2

라. 그 자체가 능력이기 때문에

기도는 전지전능하신 하나님의 능력을 받는 통로입니다. 또한 하나님을 체험하는 사건입니다. 죄를 이기는 능력, 질병을 치료하는 능력, 문제를 해결하는 능력, 귀신을 쫓아내는 능력, 주의 일을 감당하는 능력 등 모든 영적 능력을 얻는 길이 바로 기도입니다.

그러므로 우리는 능력이 필요할 때 나의 힘과 의지에 기대지 않고 먼저 기도의 자리로 나아가야 합니다. 그렇게 기도로 나아가는 것이 하나님을 믿고 신뢰하는 신앙인의 모습입니다.

> 이르시되 기도 외에 다른 것으로는
> 이런 종류가 나갈 수 없느니라 하시니라 마가복음 9:29

▶▶▶ 인도자는 기도해야 하는 이유를 다음과 같이 추가로 설명합니다.

1) 하나님과 대화를 통해 교제하기 위해서 – 사랑의 관계를 유지하려면 기도해야 하고, 하나님은 우리가 기도하며 나아오기를 기다리십니다.

2) 영적인 성장을 위해서 – 우리가 영적으로 성장하기 위해서는 영의 양식이 필요합니다. 하나님께서 기도를 통해 우리에게 말씀으로 응답을 주시는 것은 영적 양식의 중요한 공급원입니다.

3) 나의 소원을 아뢰기 위해서 – 기도를 통해서 우리는 하나님께 우리가 원하는 바를 말할 수 있습니다(빌립보서 4:6–7).

4) 교회의 성장을 위해서 – 신약성경에는 교회의 성장을 위한 기도의 요청이 많았습니다. 성도들이 사도를 위하여 기도하고, 사도들이 교회를 위하여 기도했습니다.

5) 마지막 날에 대비하기 위해서 – 주의 날이 언제 임할지 알 수 없으므로 깨어 기도해야 합니다(마태복음 26:41; 에베소서 6:18).

더불어 나눔

1. 기도를 통해 하나님만이 행하실 수 있는 기적을 체험한 적이 있다면 함께 나누어 봅시다.

▶▶▶ 인도자는 자신의 경험 혹은 자신의 경험이 아니더라도 주변에서 들었던 간증이 있다면 솔직하게 나눌 수 있도록 인도합니다. 그리고 기적이라고 하면 일반적으로 눈에 보이는 사건을 떠올리기 쉬운데, 인도자는 마음 가운데 누리게 된 기적도 말할 수 있게 합니다. 예로, 혼란 가운데서 마음의 평안을 되찾았다거나 절대 용서할 수 없을 것 같은 사람을 용서하게 된 것 등도 분명히 기적이라고 할 수 있습니다. 기도를 통해 이런 역사를 경험했다면 함께 이야기할 수 있게 합니다.

2. 우리와 끊임없이 대화하기를 원하시는 하나님의 마음에 대해 묵상하고, 시간에 쫓겨 하나님과 대화하지 못했던 모습들을 반성해 봅시다.

▶▶▶ 인도자는 "하나님께서는 기도도 못 할 정도로 우리를 바쁘게 살게 하지 않으심을 기억하라."고 전합니다. 또한 기도로 먼저 나아가면 오히려 하나님께서 시간관리를 해주셔서 여유 있는 삶을 살게 해주신다고 알려 줍니다.

마음 밭에 심기

주제 말씀 암송

내가 여호와(야훼)께 간구하매 내게 응답하시고 내 모든 두려움에서 나를 건지셨도다 시편 34:4

▶▶▶ 인도자는 '모든'이라는 단어에 집중하여, 기도를 통해 우리가 지금 안고 있는 모든 문제를 해결할 수 있다고 강조합니다. 이 사실을 기억하며 말씀을 암송하고, 또한 말씀 가운데서 하나님을 의지하자고 말합니다.

마음에 새기기

▶▶▶ 인도자는 마음에 새기기를 통해 이 과에서 배운 내용을 점검하고 중요 내용을 숙지할 수 있어야 한다고 말합니다. 읽을 때에는, 스스로 읽고 복습하는 것도 좋지만 서로 짚어 주는 것이 더 효과적일 수 있습니다. 그러므로 소그룹별로 읽어볼 수 있도록 유도합니다. 또한 인도자는 한 주에 한 번 이상 이 내용을 각자 체크할 수 있도록 권면합니다.

기도는 하나님과의 대화입니다

1. 기도는 '우리가 구할 때 하나님이 들으시고, 하나님이 응답하실 때 우리가 듣는 행위'입니다.
2. 우리는 성령님의 도우심을 힘입어 예수 그리스도의 이름으로 하나님 아버지께 기도해야 합니다.
3. 진정한 기도는 예수 그리스도 안에서 하나님의 자녀가 된 사람만이 할 수 있습니다.

올바른 기도를 하기 위해 기도의 본질에 대해 알아야 합니다

1. 기도는 하나님과의 영적인 교제를 나누는 것입니다.
2. 기도는 하나님께로부터 생명력을 얻는 영적 호흡입니다.
3. 기도는 가장 최고의 방법으로 문제 해결을 받는 길입니다.
4. 기도는 영적 성장을 위한 훈련입니다.

우리는 반드시 기도해야 합니다

1. 기도는 우리와 교제하기를 원하시는 하나님의 뜻이자 명령입니다.
2. 기도는 일차적으로 하나님을 위한 사역입니다.
3. 기도는 살아 계신 하나님이 역사하시고 살아 계심을 알게 해줍니다.
4. 기도는 하나님께로부터 영적 능력을 얻는 길입니다.

▶▶▶ 인도자는 이 과를 정리하며 마무리합니다. 우리는 이 과를 통해 기도의 의미와 본질을 다시 한 번 배움으로써 기도가 왜 중요한지를 깨달을 수 있었습니다. 이제 이것을 기반으로 기도자로 서기 위한 훈련을 해나가야 할 것입니다. 다음 과에서는 성경에 나타난 다양한 기도에 대해 살펴보는 시간을 갖게 될 것입니다.

제2과

성경에 나타난 기도

오늘 우리는...

- 이 과를 통해, 구약에 나타난 성경 인물들의 기도 모습에 대해 배우게 됩니다.
- 이 과를 통해, 신약에 나타난 예수님과 초대교회의 기도 모습에 대해 배우게 됩니다.

▶▶▶ 인도자는 이 과에서 성경에 나타난 기도의 다양한 모습을 통해 기도의 의미를 찾게 된다고 전합니다. 특히 예수님과 성경의 여러 인물의 기도 모습을 모델로 삼게 된다고 예고하면서 그 모습들을 배워 나가자고 말합니다.

마음 문 열기

손양원 목사는 두 아들을 한꺼번에 잃는 고통 가운데 처하게 되었습니다. 그럼에도 그는 자신의 아들들을 죽인 사람을 양아들로 삼았습니다. 그리고 두 아들의 영결식 때 다음과 같은 감사의 기도문을 읽었습니다.

"첫째, 나 같은 죄인의 혈통에서 순교의 자식이 나게 하셨으니 감사합니다. 둘째, 허다한 많은 성도 중에 이런 보배를 내게 맡겨 주셔서 감사합니다. 셋째, 삼남 삼녀 중에서도 가장 아름다운 두 아들, 장자와 차자를 바치게 된 축복을 허락하심에 감사합니다. 넷째, 한 아들의 순교도 귀하다 하거늘 두 아들이 순교하게 해 주심을 감사합니다. 다섯째, 예수 믿다가 누워서 죽는 것도 큰 복이라 하거늘 하물며 전도하다가 총살 순교하게 하시니 감사합니다. 여섯째, 미국 가려고 준비하던 내 아들, 미국보다 더 좋은 천국 갔으니 내 마음 안심

되어 감사합니다. 일곱째, 내 사랑하는 두 아들을 총살한 원수를 회개시켜 내 아들 삼고자 하는 마음을 주신 하나님께 감사합니다. 여덟째, 내 두 아들의 순교의 열매로 말미암아 무수한 천국의 아들이 생길 것이 믿어지니 감사합니다. 아홉째, 이와 같은 역경 속에서 이상 여덟 가지 진리와 하나님의 사랑을 찾을 수 있는 기쁜 마음, 여유 있는 믿음 주시니 감사합니다."

▶▶▶ **인도자는 손양원 목사가 고통의 순간에도 원수를 사랑하는 '아가페적 사랑'을 실천하고 있다고 설명합니다. 그리고 이 기도가 하나님의 사랑을 실천한 성경적인 기도의 모습이라고 전합니다. 그 기도 속에 나타난 사랑을 살펴보면서, 우리도 기도하는 가운데에 성경이 전하는 사랑을 실천해 보자고 권면합니다.**

여기서 잠깐

성경 속의 인물들을 비롯하여 극한 고난 중에도 감사기도를 드리는 사람들이 있습니다. 그 비결은 무엇일까요?

▶▶▶ 기도의 사람은 하나님과 교제하는 사람입니다. 곧 하나님의 뜻을 깨달아 가는 사람입니다. 그 결과, 인간의 시각으로는 이해할 수 없는 상황일지라도 기도의 사람은 그 가운데서 하나님의 계획과 뜻을 살피고 깨달아 가게 됩니다. 그래서 오히려 더 깊은 기도의 자리로 나아가게 되고 평안 가운데 감사의 기도를 드리게 됩니다.

배움과 익힘

▶▶▶ 이 과에서는 크게 구약과 신약으로 나누어 기도의 모습을 살피게 됩니다. 또한 성경에는 많은 기도의 모델이 등장하지만, 여기에서는 대표적인 부분만 정리하여 다루게 됩니다. 그러므로 인도자는 이 외에도 더 많은 기도의 모델이 있다는 것을 미리 알려 주고, 나중에 그 부분을 스스로 찾아보라고 권하면서 이 과를 시작하도록 합니다.

1. 구약에 나타난 기도

성경은 기도의 교과서입니다. 성경 속에는 무수한 기도가 등장합니다. 또한 성경 속의 위인들은 기도의 사람들이었습니다. 기도를 통하여 하나님을 만나고, 하나님의 뜻을 알아 행하였으며, 하늘의 무궁한 자원을 이 세상에 끌어내어 승리를 얻었습니다. 기도의 본이 된 대표적인 구약의 인물들을 살펴보면 다음과 같습니다.

▶▶▶ 인도자는 구약의 기도에 담긴 특성 네 가지를 참고로 이야기합니다.

1) 기도는 하나님께서 주도권을 쥐고 계심

2) 하나님과 기도자의 원만한 관계를 전제로 하심

3) 하나님과 기도자가 계약 관계에 있음

4) 구약의 예언자들은 기도에 민족의 생사가 달려 있다고 봄

가. 아브라함의 중보기도

아브라함의 기도는 대표적인 중보기도입니다. 창세기 18장에서 아브라함은 조카 롯이 거주하던 소돔과 고모라에 대한 하나님의 심판 계획을 알게 되었습니다. 그는 소돔과 고모라가 멸망당하지 않도록 기도했고, 그의 기도를 통해 구원에 필요한 의인의 숫자가 50명에서 10명으로까지 줄어들었습니다. 하나님은 의로운 아브라함의 중보기도에 응답하시어 심판의 기준을 낮추시는 일까지 하신 것입니다.

> 아브라함이 또 이르되 주는 노하지 마옵소서
> 내가 이번만 더 아뢰리이다 거기서 십 명을 찾으시면
> 어찌 하려 하시나이까 이르시되
> 내가 십 명으로 말미암아 멸하지 아니하리라 창세기 18:32

▶▶▶ 하나님은 계속 수를 낮추도록 간구하는 아브라함을 저버리지 않으셨습니다. 결국 다 들어 주셨습니다. 이처럼 하나님은 우리의 간구를 적당한 선에서 끊거나 제한적으로 응답해 주지 않으십니다. 특히 영혼을 사랑하는 마음을 가지고 간구하면 그 기도에 더욱 기쁘게 응답해 주십니다.

나. 모세의 중보기도

모세의 기도는 온 민족을 살린 구원의 기도입니다. 모세가 시내산에서 하나님의 계명을 받은 후 내려왔을 때, 사람들은 금송아지를 만들어 섬기고 있었습니다. 이때 하나님은 진노하셨고 백성을 멸하려 하셨습니다. 모세는 하나님께 뜻을 돌이키시기를 간구했고, 하나님은 진노를 거두셨습니다. 결국 모세의 중보기도로 수많은 이스라엘 백성이 목숨을 건지게 되었습니다.

> 어찌하여 애굽 사람들이 이르기를
> 여호와(야훼)가 자기의 백성을 산에서 죽이고 지면에서 진멸하려는
> 악한 의도로 인도해 내었다고 말하게 하시려 하나이까
> 주의 맹렬한 노를 그치시고 뜻을 돌이키사
> 주의 백성에게 이 화를 내리지 마옵소서 출애굽기 32:12

▶▶▶ 모세는 백성을 위해 희생하는 지도자의 모습을 잘 보여 주고 있습니다. 여기서 알 수 있는 것은 진정으로 주님의 백성을 위해 희생하고자 할 때, 그 기도 역시 하나님이 기뻐 받으신다는 사실입니다. 그러므로 모세를 통해 우리가 기도할 때 어떤 자세와 마음을 가져야 하는지 배울 수 있습니다.

다. 사무엘의 구국기도

이스라엘의 마지막 족장인 사무엘은 이스라엘의 위기를 극복하기 위해 미스바에 백성을 모아 금식기도를 했습니다. 이 '미스바 성회'는 타락하고 피폐해진 이스라엘을 하나님 나라로 다시 세우고자 하는 기도회였고, 하나님과 백성 사이의 언약을 회복하는 계기가 되었습니다.

사무엘이 이르되 온 이스라엘은 미스바로 모이라
내가 너희를 위하여 여호와(야훼)께 기도하리라 하매 그들이 미스바에 모여
물을 길어 여호와(야훼) 앞에 붓고 그 날 종일 금식하고 거기에서 이르되
우리가 여호와(야훼)께 범죄하였나이다 하니라 사무엘이 미스바에서
이스라엘 자손을 다스리니라 사무엘상 7:5-6

▶▶▶ **미스바 성회는 대(大) 회개운동을 통하여 나라를 회복하고 신앙을 회복하기 위한 거국적 성회였습니다. 또한 블레셋으로부터 정치·종교의 자유와 독립을 회복하기 위한 거국적 거사였습니다. 인도자는 나라를 위해 함께 모여 기도하는 '구국기도회'의 대표적인 모델이 바로 미스바 성회라고 전합니다.**

라. 다윗의 찬양기도

다윗은 왕이 되기 전부터 왕이 된 이후까지 많은 고난을 겪었습니다. 사울 왕에게 쫓겨 숨어다녀야 했고, 왕이 된 이후에도 압살롬의 반란으로 고초를 겪어야 했습니다. 그런 중에도 다윗은 하나님을 찬양하고 높이는 기도를 드렸습니다. 그의 고백에는 하나님을 전적으로 신뢰하고 의지하는 모습이 잘 나타나 있습니다. 시편에는 다윗의 이러한 고백이 담긴 많은 기도문이 수록되어 있습니다.

내 눈이 항상 여호와(야훼)를 바라봄은 내 발을 그물에서
벗어나게 하실 것임이로다 주여 나는 외롭고 괴로우니
내게 돌이키사 나에게 은혜를 베푸소서 내 마음의 근심이 많사오니
나를 고난에서 끌어내소서 시편 25:15-17

▶▶▶ 다윗의 기도는 하나님께 초점을 맞춘 기도였습니다. 시편에는 여호와(야훼), 주, 하나님이라는 단어가 1,200회 이상 나오는데, 이를 통해 다윗은 고난을 당할 때조차 하나님을 향한 초점이 흐려지지 않았음을 알 수 있습니다.

마. 다니엘의 감사기도

다니엘은 포로지에서 하나님께 기도하는 습관을 잃지 않았습니다. 그의 기도는 세 가지 특징을 보여 줍니다. 첫째, 그는 예루살렘을 향해 기도했습니다. 이것은 하나님을 향한 신앙적인 열정을 보여 줍니다. 둘째, 하루 세 번 기도했습니다. 이것은 기도를 생활화, 습관화했음을 보여 줍니다. 셋째, 무릎을 꿇고 기도했습니다. 이것은 겸손의 표현인 동시에 하나님께 대한 절대 순종을 의미합니다. 넷째, 기도의 내용이 하나님께 대한 감사였습니다. 이것은 다니엘이 포로된 상황에서도 하나님의 보호와 인도하심에 감사하였음을 알게 해줍니다.

> 다니엘이 이 조서에 왕의 도장이 찍힌 것을 알고도
> 자기 집에 돌아가서는 윗방에 올라가 예루살렘으로 향한 창문을 열고
> 전에 하던 대로 하루 세 번씩 무릎을 꿇고 기도하며
> 그의 하나님께 감사하였더라 다니엘 6:10

▶▶▶ 다니엘처럼 시간을 정해 기도하는 모습을 형식적인 행동으로 이해할 수도 있습니다. 그러나 다니엘처럼 진심으로 하나님을 찾고 기도하기를 즐기는 사람은 자연스럽게 기도시간을 지켜나가게 됩니다. 사모하는 마음으로 기도의 자리에 나아오는 것입니다. 그러므로 사모하는 마음으로 기도시간을 정해 두고 습관화하는 것은 분명 우리가 배워야 할 모습입니다.

2. 신약에 나타난 기도

신약에서는 기도의 본이 되신 예수님을 통해 어떻게 기도할 수 있을지를 배울 수 있습니다. 또한 예수님의 기도를 이어간 초대교회의 모습 속에서 우리가 따를 수 있는 기도의 종류에 대해 배울 수 있습니다.

가. 예수님의 기도

예수님은 공생애 기간 동안 늘 기도하셨습니다. 3년 반 동안을 기도로 시작하셔서 기도로 마치셨습니다. 예수님은 공생애 동안 기도를 최우선시하셨고, 기도로 아버지의 뜻을 이루셨으며, 기도로 승리하셨습니다.

1) 능력기도

예수님이 기도하시자 성령이 임하셨습니다. 우리는 이 일로 기도를 통해 성령의 능력을 구할 수 있음을 알 수 있습니다.

> 백성이 다 세례(침례)를 받을새 예수도 세례(침례)를 받으시고 기도하실 때에
> 하늘이 열리며 성령이 비둘기 같은 형체로 그의 위에 강림하시더니
> 하늘로부터 소리가 나기를 너는 내 사랑하는 아들이라
> 내가 너를 기뻐하노라 하시니라 누가복음 3:21-22

▶▶▶ **예수님의 탄생 때와 마찬가지로 예수님이 세례(침례)받을 때에도 하늘로부터의 음성이 들리고(누가복음 2:9-14), 성령이 함께 하셨습니다(누가복음 1:35). 그러므로 예수님이 세례(침례)를 받으신 것은 성부와 성자와 성령의**

공동 사역이라 할 수 있습니다. 예수님은 세례(침례)를 받으심으로 인간의 구원을 향한 공생애를 시작하셨고, 성령님은 성자 예수님이 그 일을 감당하도록 협동하여 힘을 공급해 주셨습니다. 또한 성부 하나님은 그 일을 시작한 아들을 위해 하늘을 열고 땅을 향해 기쁨과 승인의 음성을 발하셨습니다.

2) 사명기도

예수님은 제자 선택을 위해 기도하셨습니다. 이는 사명을 감당하는 순간순간마다 하나님의 뜻을 구하셨음을 알 수 있게 해줍니다.

> 이 때에 예수께서 기도하시러 산으로 가사
> 밤이 새도록 하나님께 기도하시고 밝으매 그 제자들을 부르사
> 그 중에서 열둘을 택하여 사도라 칭하셨으니 누가복음 6:12-13

▶▶▶ 예수님은 이 땅에 계셨을 때 그의 제자들이 알았던 것보다 훨씬 더 많은 기도를 하셨습니다. 그 누구보다 바쁘게 사역하셨지만 따로 시간을 내어 홀로 한적한 곳에서 기도하셨습니다. 인도자는 바쁘다는 핑계로 기도를 기피하지 말고, 예수님처럼 어떤 상황이라도 기도로 하나님과 만날 수 있어야 한다고 전합니다.

3) 골방기도

예수님은 개인적으로 기도시간을 가지셨습니다. 우리도 은밀하고 조용한 곳에서 하나님과 만나는 시간을 가질 수 있어야 합니다.

> 예수께서 따로 기도하실 때에 제자들이 주와 함께 있더니
> 물어 이르시되 무리가 나를 누구라고 하느냐 누가복음 9:18

▶▶▶ **인도자는 골방기도가 개인적으로 하나님께 드리는 기도임을 전합니다. 곧 골방기도는 제3자와 환경에 제한받지 않고 드리는 하나님과 나의 속삭임이라고 할 수 있습니다.**

4) 철야기도

예수님은 잡히시기 전 밤새 하나님께 기도하셨습니다. 우리도 예수님처럼 사명 완수를 위해 밤에 전력을 다해 기도하는 모습을 배워야 합니다.

> 그들을 떠나 돌 던질 만큼 가서 무릎을 꿇고 기도하여 이르시되
> 아버지여 만일 아버지의 뜻이거든 이 잔을 내게서 옮기시옵소서
> 그러나 내 원대로 마시옵고 아버지의 원대로 되기를
> 원하나이다 하시니 누가복음 22:41-42

▶▶▶ **인도자는 당시 상황에 대해 더 생생하게 전합니다. 당시 제자들은 지난 밤, 긴장되고 무거운 만찬과 예수님의 고별 말씀과 예수님께서 배반당하실 것이라는 말씀에 대한 염려 등으로 매우 암담한 밤을 맞이하고 있었습니다. 그런 슬픈 감정과 함께 심신이 피로하였을 것이고 이 때문에 쉽게 잠들어 버렸습니다. 그러나 예수님은 죽음의 권세가 온 세상을 짓누르고 있었음에도 그 세력과 홀로 맞서고 계셨습니다.**

5) 주기도문

예수님은 제자들에게 올바른 기도를 가르쳐 주셨습니다. 주기도문이라고 불리는 이 기도는 성숙한 기도의 모델이 되어 줍니다.

> 예수께서 이르시되 너희는 기도할 때에 이렇게 하라
> 아버지여 이름이 거룩히 여김을 받으시오며 나라가 임하시오며
> 우리에게 날마다 일용할 양식을 주시옵고 우리가 우리에게
> 죄 지은 모든 사람을 용서하오니 우리 죄도 사하여 주시옵고
> 우리를 시험에 들게 하지 마시옵소서 하라 누가복음 11:2-4

▶▶▶ **인도자는 주기도문이 신약의 기도와 예수님의 기도 중에서 가장 중요하면서도 탁월한 기도라고 전합니다. 그뿐만 아니라 주기도문은 모든 기도의 표준이 되며 모범이 됨을 설명합니다.**

나. 초대교회의 기도

초대교회의 기도는 예수님의 기도를 충실히 따르고 있습니다. 그들의 기도는 개인이 드리는 골방기도, 합심으로 하는 다락방기도, 교회 전체가 드리는 성전기도로 나누어 살펴볼 수 있습니다.

1) 골방기도

골방기도는 개인기도를 말합니다. 초대교회 성도들은 골방에서 자신의 문제 해결과 축복만을 위해 기도한 것이 아니라, 교회의 부흥과 말씀 전파를 위해 더 열심히 기도했습니다.

> 이튿날 그들이 길을 가다가 그 성에 가까이 갔을 그 때에
> 베드로가 기도하려고 지붕에 올라가니
> 그 시각은 제 육 시더라 사도행전 10:9

▶▶▶ 인도자는 골방기도와 관련하여 다음의 내용을 점검할 수 있게 합니다.

1) 나는 개인적으로 하나님을 만나 깊이 기도하는 골방이 있는가? 있다면 그 곳을 골방으로 생각하는 이유는 무엇인가?

2) 아직 기도하는 골방이 없다면, 영적인 골방을 만들기 위해 가장 좋은 장소는 어디인가?

▶▶▶ 당시 베드로가 기도하러 올라간 지붕은 통풍이 잘되고 햇빛이 잘 드는 옥상을 가리킵니다(신명기 22:8; 열왕기하 23:12; 예레미야 19:13; 스바냐 1:5; 누가복음 5:19). 그리고 제 육 시는 낮 열두 시로 유대인들의 기도시간과 상관없는 시간대입니다. 따라서 베드로는 유대인의 습관과는 상관없이 기도하고 있음을 알 수 있습니다. 이 같은 시간적 언급은 유대교의 종교적 관습을 타파하려는 선교적 동기를 암시적으로 내포한다고 볼 수 있습니다.

2) 다락방기도

다락방기도는 합심기도를 말합니다. 초대교회가 엄청난 핍박과 환난을 이길 수 있었던 비결은 가정에서 비밀리에 이루어진 연합기도 덕분이었습니다.

> 여자들과 예수의 어머니 마리아와 예수의 아우들과 더불어
> 마음을 같이하여 오로지 기도에 힘쓰더라 사도행전 1:14

▶▶▶ 인도자는 합심기도가 '두 사람 이상이 마음을 합하여 같은 목적을 가지고 간구하는 것'이라고 설명합니다. 합심기도에서 유의할 점은, 먼저 공동기도의 제목이 분명하게 제시되어 한마음으로 기도할 수 있어야 한다는 것입니다. 또한 다른 사람의 기도를 의식하지 말고 자신의 기도에만 열중해야 한다는 것입니다.

▶▶▶ 인도자는 당시 다락방의 모습에 대해서도 참고로 전합니다. 이스라엘의 가옥 구조상 가장 좋은 방은 위쪽에 있는 다락방입니다. 이 다락방은 오늘날로 치면 집이나 아파트의 큰 거실에 해당합니다. 다락방은 맨 위층에 있기 때문에 지나가는 사람들이 기웃거릴 수 없을 뿐만 아니라 거리의 시끄러운 소리가 들리지 않아 큰 소리로 기도하기에 가장 좋은 방이었습니다. 그래서 이 방은 주로 모임 장소나 공부방, 기도방으로 사용되었습니다.

3) 성전기도

온 교회의 집중적인 기도는 폭발적인 교회부흥과 성장을 가져왔습니다. 특히 성전기도는 사도 및 교회 제직을 선발하고 임명할 때와 선교사를 파송할 때 필수적이었습니다.

> 그들이 사도의 가르침을 받아 서로 교제하고 떡을 떼며
> 오로지 기도하기를 힘쓰니라 사도행전 2:42

▶▶▶ 마음을 같이한 집중적 기도가 초대교회 건설의 원동력이 되었으며 교회성장 및 부흥의 최대 비결이 되었습니다. 사도행전의 기록자인 누가는 특히 성도의 신앙생활에서 기도와 성령의 역사와의 연관성을 매우 강조하고 있습니다. 인도자는 이런 집중적인 기도가 오늘날에도 회복되어야 한다고 강조합니다.

더불어 나눔

1. 성경에서 특별히 본받고 싶은 기도의 모델이 있다면 함께 나누어 보고 어떻게 본받을 수 있을지에 관해서도 이야기해 봅시다.

▶▶▶ 인도자는 평소에 생각해 두었던 인물이 있는지를 먼저 물어보고, 그 인물이 누구이며, 어떤 모습을 본받고 싶은지를 간략하게 나눌 수 있게 해줍니다. 그리고 따로 생각해 둔 적이 없다면, 이 과에서 등장했던 인물들을 중심으로 배울 점을 찾아보라고 전합니다.

2. 예수님이 내 삶에 얼마나 적용되고 있는지 살펴봅시다.

▶▶▶ 인도자는 소그룹 구성원들과 함께 한 구절씩 주기도문을 다시 읽어 봅니다. 함께 읽으면서 삶에 잘 적용하고 있는지 돌아볼 수 있게 합니다. 또한 앞으로도 주기도문을 암송할 때마다 한 구절씩 적용 여부를 떠올리는 습관을 가지라고 권면합니다.

마음 밭에 심기

주제 말씀 암송

아브라함이 또 이르되 주는 노하지 마옵소서 내가 이번만 더 아뢰리이다 거기서 십 명을 찾으시면 어찌 하려 하시나이까 이르시되 내가 십 명으로 말미암아 멸하지 아니하리라

창세기 18:32

▶▶▶ 인도자는 끈질긴 아브라함의 중보기도를 떠올리며 우리도 끈질긴 사랑으로 중보기도하는 사람이 되자고 전합니다. 특히 이 구절을 암송할 때, 당시 아브라함의 심정을 생각해 볼 수 있게 합니다.

마음에 새기기

▶▶▶ 인도자는 마음에 새기기를 통해 이 과에서 배운 내용을 점검하고 중요 내용을 숙지할 수 있어야 한다고 말합니다. 읽을 때에는, 스스로 읽고 복습하는 것도 좋지만 서로 짚어 주는 것이 더 효과적일 수 있습니다. 그러므로 소그룹별로 읽어볼 수 있도록 유도합니다. 또한 인도자는 한 주에 한 번 이상 이 내용을 각자 체크할 수 있도록 권면합니다.

성경은 기도의 교과서이며, 우리에게 본이 되는 기도가 성경에 많이 등장합니다

1. 아브라함은 소돔과 고모라를 위해 중보기도를 했고, 하나님은 결국 심판의 기준을 낮추셨습니다.
2. 모세는 온 민족을 살리기 위해 중보기도를 했고, 하나님은 그 기도를 들어 주셨습니다.
3. 사무엘은 이스라엘의 위기를 극복하기 위해 기도성회를 열었고 함께 모여서 금식기도를 했습니다.
4. 다윗은 쫓기는 상황 속에서도 하나님을 향한 신뢰와 찬양의 기도를 쉬지 않았습니다.
5. 다니엘은 포로지에서도 감사기도를 드렸고 하루 세 번 기도하는 습관을 이어갔습니다.

예수님의 기도와 초대교회의 기도를 통해 우리는 다양한 기도의 종류를 배울 수 있습니다

1. 예수님의 기도를 통해 성령의 능력을 구하는 기도, 사명을 감당할 때마다 하나님을 의지하는 기도를 배울 수 있습니다.
2. 예수님은 골방기도, 산상기도, 철야기도의 모델이 되셨고, 우리에게 주기도문을 가르쳐 주셨습니다.
3. 초대교회의 기도를 통해 개인이 드리는 골방기도, 합심으로 하는 다락방기도, 교회 전체가 드리는 성전기도를 배울 수 있습니다.

▶▶▶ 인도자는 이 과를 정리하며 마무리합니다. 이 과에서는 성경에 나타난 기도의 모습과 방법을 살펴보고 배웠습니다. 이를 통해 성경적인 기도를 보다 구체적으로 확인할 수 있었습니다.
다음 과에서는 기도의 구체적인 종류와 방법에 대해서 배우게 됩니다.

제3과

기도의 방법

오늘 우리는...

- 이 과를 통해, 어떤 내용으로 하나님께 기도할 수 있는지에 대해 알게 됩니다.
- 이 과를 통해, 어떤 방법으로 하나님께 기도할 수 있는지에 대해 알게 됩니다.

▶▶▶ 인도자는 이 과에서 '어떻게 기도해야 하는지'를 전반적으로 배우게 된다고 전합니다. 기도의 방법에 틀이 있는 것은 아니지만 내용과 방법을 알게 되면 기도훈련에 큰 도움이 될 것이라고 말합니다.

마음 문 열기

미국의 유명한 부흥사였던 D.L. 무디가 런던에서 큰 부흥회를 마치고 돌아오던 길이었습니다. 배가 돌아오다가 그만 암초에 부딪혀서 좌초하게 되었습니다. 700명이나 되는 승객과 선원이 타고 있었던 배는 일시에 소란이 벌어졌습니다. 무디의 아들은 선실로 내려가서 아버지의 방문을 두드리고 위기 상황에 대해 말했습니다. 그때 무디는 시편 91편을 읽고 있었습니다.

무디는 아들의 이야기를 듣고 선실 위로 올라가서 우왕좌왕하고 두려워 떨고 있는 사람들에게 말씀을 선포했습니다. "네가 말하기를 여호와(야훼)는 나의 피난처시라 하고 지존자를 너의 거처로 삼았으므로 화가 네게 미치지 못하며 재앙이 네 장막에 가까이 오지 못하리니 그가 너를 위하여 그의 천사들을 명령하사 네 모든 길에서 너를 지키게 하심이라"(시편 91:9-11). 말씀을 선포한 후, 합심해서 기도하자고 했습니다. 그리고 기도가 끝나자, 우리의 생명은 하나님의 손안에 있으니 하나님께 맡기고 평안히 돌아가서 쉬라고 했습니다. 이후 무디는 방에 들어가서 평안히 잤습니다.

그날 밤 잠을 잔 사람은 무디 혼자였습니다. 그리고 무디가 잠에서 깨었고, 잠시 후 구조선이 와서 무디를 포함한 700명의 승객을 모두 안전하게 구조하였습니다.

▶▶▶ **인도자는 당시의 매우 급한 상황을 상상할 수 있게 해줍니다. 그리고 그 가운데서도 함께 기도할 것을 제안했던 무디의 모습을 배워야 한다고 전합니다. 어떤 상황에서든 먼저 기도로 나아가는 것이 중요한데, 위기 속에서 함께 기도하는 것은 더욱 중요한 모습입니다. 예화에 나타난 합심기도의 위력을 생각하면서 우리 공동체 안에서도 이러한 합심기도 소리가 가득할 수 있기를 기대해 보아야 할 것입니다.**

여기서 잠깐

우리가 한목소리로 마음을 합하여 기도할 때, 하나님의 마음은 어떠실까요?

▶▶▶ 우리가 기도를 통해 하나님과 교제하는 것 자체가 하나님을 기쁘시게 하는 일입니다. 게다가 우리가 한뜻을 모아 한마음으로 기도한다면, 연합을 기뻐하시는 하나님께서(시편 133:1-3) 더욱 그 기도를 기쁘게 받으실 것입니다.

배움과 익힘

▶▶▶ 인도자는 기도에 정해진 형식이나 틀이 있는 것은 아니지만, 무엇을 기도해야 하고 어떻게 기도해야 하는지를 알고 나면 더욱 더 쉽게 기도의 자리로 나아갈 수 있다고 전합니다. 이 과의 내용을 배우는 이유에 대해 알고 시작한다면, 더 큰 도움이 될 수 있습니다. 단, 인도자는 이 과에서 배울 내용을 무조건 따라야 하는 것이 아니므로, 기도의 방법을 배우되 자신의 상황에 맞게 잘 적용해야 한다고 미리 알려 줍니다.

1. 기도의 내용

▶▶▶ 기도는 하나님과의 대화이며 특별한 형식이 있는 것은 아닙니다. 그렇지만 기도훈련 차원에서 몇몇 유용한 지침을 따르는 것이 효과적입니다. 그 대표적인 것이 '사도행전 기도'(ATCS prayer)입니다. 사도행전 기도란 신약 사도행전의 영어단어 'ACTS'로 시작되는 네 가지 내용, 즉 찬양과 경배(Adoration), 회개와 자백(Confession), 감사와 만족(Thanksgiving), 간구와 호소(Supplication)로 드려지는 기도를 말합니다(디모데전서 2:1-4).

가. 찬양과 경배

찬양은 하나님의 선하심과 복 주심에 대한 감사와 예배의 표현입니다. 모든 기도는 하나님을 찬양하는 내용이 우선되어야 합니다. 하나님의 은혜와 예수 그리스도의 구속, 성령님의 인도하심 등 우리가 드릴 찬양의 내용은 무수히 많습니다.

> 내가 평생토록 여호와(야훼)께 노래하며
> 내가 살아 있는 동안 내 하나님을 찬양하리로다 시편 104:33
>
> 이 백성은 내가 나를 위하여 지었나니
> 나를 찬송하게 하려 함이니라 이사야 43:21

▶▶▶ 인도자는 찬양의 중요성을 좀 더 강조하여 설명합니다. 인간을 창조하시고 보호하시는 창조주 하나님은 오직 찬양의 유일한 대상자이십니다. 여기에서 찬양은 하나님의 성품과 특성을 인정하는 것입니다. 그의 사랑, 능력과 위엄, 그의 놀라운 선물인 그리스도를 찬양하는 것입니다. 우리가 하나님을 찬양해야 할 이유는 여러 가지입니다. 그러나 가장 큰 이유는 그분이 우리의 하나님이시고 아버지가 되신다는 사실입니다. 이 사실이 우리가 기쁨을 누리는 완전하고 충분한 조건입니다. 우리는 염려를 그분께 맡기고 기쁨으로 하나님 아버지를 찬양해야 합니다.

나. 회개와 자백

기도할 때는 철저히 죄를 청산하는 과정이 동반되어야만 합니다. 회개와 자백에는 두 가지 의미가 담겨 있는데, 첫째는 자신이 지은 죄를 고백하는 것이고, 둘째는 하나님께 죄에 대한 용서를 구하는 것입니다.

> 만일 우리가 우리 죄를 자백하면
> 그는 미쁘시고 의로우사 우리 죄를 사하시며
> 우리를 모든 불의에서 깨끗하게 하실 것이요 요한1서 1:9

▶▶▶ **죄에 해당하는 헬라어 '하마르티아스'(ἁμαρτιας)는 '화살이 과녁에서 빗나간 것'을 가리키는 말입니다. 이 단어는 복수의 형태로 구체적이고도 상세한 죄들(sins)을 지칭합니다. 그리고 자백은 구체적으로 죄를 깊이 생각하고 뉘우치며, 진실하게 고백함으로 버리는 것을 가리킵니다. 또한 이 말은 죄를 사하시는 하나님의 행위에 대한 구체적인 묘사와 죄 사함의 권한이 하나님께 있음을 나타냅니다.**

▶▶▶ **인생에서 고백을 통하여 어려운 문제를 해결하는 경우는 한둘이 아닙니다. 죄를 고백하면 속죄의 기쁨을 얻게 되고 사랑을 고백하면 뜨겁게 사랑이 불붙고, "믿습니다."라고 신앙을 고백하면 반석 같은 흔들림 없는 위치에 서게 됩니다. 그러므로 이러한 고백을 예수 그리스도의 이름으로 절대자 하나님께 아뢰면 우리의 생활 속에 놀라운 변화와 응답을 경험하게 됩니다. 인도자는 고백이 이렇게 중요함을 일깨워 줍니다.**

다. 감사와 만족

하나님께서 행하시는 일은 우리의 뜻과 다를 수 있습니다. 그러므로 하나님의 선하심과 인도하심을 믿고, 항상 감사할 줄 아는 것이 성숙한 신앙인의 태도입니다.

할렐루야 여호와(야훼)께 감사하라
그는 선하시며 그 인자하심이 영원함이로다 시편 106:1

아무 것도 염려하지 말고 다만 모든 일에 기도와 간구로,
너희 구할 것을 감사함으로 하나님께 아뢰라 빌립보서 4:6

▶▶▶ 인도자는 감사의 역할에 대해 다음과 같이 정리해 줍니다.

1) 기도의 동기가 선함을 입증함

2) 더 큰 축복을 받게 함

3) 우리로 하여금 하나님의 뜻이 무엇보다도 소중하며 최우선적인 과제가 되어야 함을 깨닫게 함

▶▶▶ 인도자는 범사에 감사하는 것이 그리스도인의 의무임을 전해 줍니다. 그리스도인은 슬프고 어려운 일 앞에서도 감사해야 합니다. 감사함으로 우리의 필요를 아뢰면 창조주이신 아버지께서 들으시고 채워 주십니다. 또한 감사하는 삶을 통하여 하나님의 목표를 더 잘 알게 됩니다.

라. 간구와 호소

하나님은 우리의 간구를 들으십니다. 문제를 솔직하게 내어 놓고 좋으신 하나님의 뜻에 따라 모든 것이 합력해서 선으로 이루어지도록 간구해야 합니다.

여호와(야훼)께서는 자기에게 간구하는 모든 자
곧 진실하게 간구하는 모든 자에게 가까이 하시는도다 시편 145:18

▶▶▶ 기도와 간구는 그리스도인들만이 누리는 특권이자 의무이며 당면한 문제들에 대한 최선의 해결책입니다. 그러므로 우리는 기도할 때 적극적으로 매달려야 합니다. 하나님께서는 적극적이고 구체적인 간구를 기뻐하십니다. 이는 '아버지께서 자녀에게 좋은 것 주시기 원하심'을 믿는 믿음의 표현이기 때문입니다.

▶▶▶ 인도자는 기도에 내용(순서)이 있어야 하는 이유에 대해 알려 줍니다.

1) 기도가 하나님께 드리는 것이므로 함부로 무질서하게 드리는 것보다는 준비하며 계획성 있게 드려져야 하기 때문입니다.

2) 하나님과의 대화가 곧 기도입니다. 사람과 사람 사이의 대화도 요령과 순서가 필요한 것 같이 기도도 순서에 따라 아뢸 필요가 있습니다.

3) 기도의 순서를 생각하는 것은 미리 기도를 준비한다는 의미가 됩니다. 높으신 분들과 면담하거나 인사의 말을 하더라도 미리 준비를 하게 되는 것 같이 하나님께 기도할 때도 미리 내용과 순서를 정해 놓는 것이 좋기 때문입니다.

2. 기도의 종류

가. 기도자의 규모에 따라

1) 개인기도

개인기도는 말 그대로 개인이 하나님께 드리는 기도입니다. 개인마다 가지고 있는 자신의 문제를 하나님께 고백하면서 그 해결을 위한 응답을 요청하는 것입니다. 개인기도의 장점은 언제 어디서나 드릴 수 있으며, 격식을 차리거나 다른 사람을 의식할 필요가 없다는 것입니다.

2) 연합(합심)기도

연합(합심)기도는 한 가지 또는 몇 가지 제목을 내걸고, 여러 사람이 모여서 그 문제를 놓고 중점적으로 드리는 기도입니다. 베드로와 요한 사도가 감옥에서 풀려나 돌아왔을 때 온 성도가 '한마음으로 하나님께 소리 높여 기도' 하자 곧 그 자리에 있던 모든 사람이 성령충만을 경험하게 되었습니다(사도행전 4:24-31). 이 사건은 연합(합심)기도의 대표적인 예입니다.

나. 기도소리의 유무에 따라

1) 통성기도

통성기도는 선포하는 기도입니다. 같은 공간에서 여러 기도자가 함께하거나 골방에서 혼자 기도할 수도 있습니다. 중요한 것은 하나님의 말씀을 기반으로 나와 하나님의 일을 방해하는 사탄에게 선포하는 것입니다. 문제로 말미암아 불안과 고통에 사로잡혔을 때 성경에 있는 약속의 말씀을 선포하면 하나님이 주시는 위로와 확신 그리고 새 힘을 얻게 됩니다. 또한, 문제의 해결을 앞당길 수가 있습니다. 하지만 말씀에 기반 없이 여러 말을 하면서 빠르게 큰 소리로 외치는 것에만 집중하다 보면 중언부언하게 될 수 있습니다. 이 점에 주의해야 합니다.

2) 묵상기도

묵상기도는 소리를 내지 않고 말없이 하나님께 기도하는 것입니다. 이 기도는 하나님만 들으시는 것이고, 아무도 들을 수 없는 기도입니다. 성령의 인도를 받아 내 영이 하나님과 일치, 연결된 상태에서 드리는 기도라고 할 수 있습니다(사무엘상 1:13). 그러나 묵상기도라 할지라도 그 기도의 소리가 밖에 들리지 않을 뿐, 기도의 내용은 완전한 대화, 완전한 문장이어야 합니다. 즉 소리는 없지만 내용은 다른 기도와 똑같아야 합니다. 특별히 묵상기도는 장소의 제한을 받지 않는다는 장점을 가지고 있습니다.

▶▶▶ 인도자는 기도하는 방식이 서로 다르다고 해서 비판하거나 이상하게 생각해서는 안 됨을 전합니다. 가령, 조용히 묵상기도하는 것을 보고 정성 없이 기도한다며 비판하거나 통성기도하는 것을 보고 시끄럽다고 비판해서는 안 됩니다.

다. 기도자의 위치에 따라

1) 골방기도

골방기도는 세상 모든 것과 단절되어 오직 하나님과 조용히 대화를 나눌 수 있는 공간에서 드리는 기도입니다. 다른 사람에 의해 방해받지 않는 곳에서 은밀한 중에 하나님과 교제하는 것입니다(마태복음 6:6).

2) 공중(대표)기도

공중기도는 문자 그대로 한 사람이 대표해서 드리는 기도입니다. 개인이 혼자서 하는 사적인 기도와 달리 모든 기도자의 공동 관심사를 공개적으로 표명하는 공적인 기도이기 때문에 그만큼 적절한 주의와 정성을 기울여야 합니다.

라. 기도의 대상에 따라

1) 개인기도

하나님께서는 우리의 모든 필요를 알고 계십니다. 그러나 하나님께서 우리의 필요를 알고 계신다고 해서 하나님께 간구하는 기도를 드리지 않는 것은 잘못된 태도입니다. 하나님은 우리의 아버지이시기 때문에 우리는 하나님께 간구하고 응답을 기다리는 삶을 살아야 합니다. 특별히 여기서 말하는 간구기도는 개인의 특정 기도제목을 가지고 하나님 앞에 나아가는 기도입니다.

2) 중보기도

중보란 사람과 사람 사이 또는 하나님과 사람 사이에서 '중재'의 역할을 하는 것을 뜻합니다. 즉, 중보기도는 하나님과 다른 사람의 사이에서 그 사람을 위하여 중재적 위치에 서서 기도하는 것입니다. 중보기도는 다른 사람을 위하여 하나님께 기도하는 것이므로 기도 중에서도 높은 차원의 기도입니다. 또한 나를 위한 기도가 아니라 다른 사람을 위한 기도이기에 사랑을 실천하는 방법이 되기도 합니다.

마. 기도의 시간대에 따라

1) 새벽기도

새벽기도는 주님께서 허락하신 하루의 첫 시간을 하나님 앞에 바치는 기도입니다(마가복음 1:35). 교회마다 시간을 정하여 함께 모여 새

벽기도(새벽예배)를 드리는 경우가 있고, 개인이 스스로 시간을 정하여 홀로 새벽기도 시간을 가질 수가 있습니다.

2) 철야기도

철야기도는 밤에 깨어서 하나님과 대화하며 간구하는 것입니다. 예수님께서도 열두 제자를 선택하시기 전날 밤에(누가복음 6:12), 십자가를 지시기 전날 밤에 철야기도를 하셨습니다(마태복음 26:39-46). 한국 교회에서는 주로 금요일 밤을 철야기도 시간으로 정하여 모이고 있습니다.

바. 특별기도

우리가 일상적으로 드리는 기도 외에 특정한 시간과 장소에서 특별한 목적을 갖고 하는 기도가 있습니다. 이러한 특별기도의 종류는 다음과 같습니다.

1) 금식기도

금식기도는 인간의 욕구를 억제하고 하나님과 영적인 만남을 갖는 기도입니다. 심각한 문제에 부딪혔을 때, 중대한 결정을 할 때, 금식기도를 통해 전적으로 하나님께 매달리는 경우가 많습니다. 성경에는 예수님(마태복음 4:1), 모세(출애굽기 34:28), 바울(사도행전 14:23) 등 금식기도의 사례가 잘 나타나 있습니다.

▶▶▶ **금식기도에서 주의할 점은 첫째, 뚜렷한 목적 없이 영웅심이나 자랑하기 위해 해서는 안 된다는 것입니다. 둘째, 충분한 준비기도 후에 실시해야 하며, 시작하기 2~3일 전에 예비 금식을 통해 식사량을 줄인 후에 시작해야 합니다. 또한 기도가 끝난 후 바로 음식을 많이 섭취하는 것은 특별히 주의해야 합니다. 셋째, 금식기도 후에는 능력과 기적이 나타나기도 하는데 이때 사탄은 그것을 사욕의 도구로 삼도록 유혹할 수 있습니다. 그러므로 사탄의 시험에 넘어지지 않도록 주의해야 합니다.**

2) 방언기도

방언기도는 인간이 알지 못하는 성령의 언어로 기도하는 것입니다. 즉, 성령님께서 우리의 발성과 영을 사용하여 기도하시는 것입니다. 방언기도는 특히 개인의 기도생활에 유익을 줍니다(고린도전서 14:18). 방언으로 기도하면 장시간에 걸쳐 기도해도 지치지 않고, 더욱 깊은 하나님의 은혜와 사랑 안에 있게 해줍니다. 방언기도는 우리의 부족한 기도생활을 돕기 위해 주신 하나님의 선물이라고 할 수 있습니다.

3) 신유기도

신유기도는 병든 지체가 하나님의 능력으로 고침 받도록 중보하는 기도입니다. 성경에는 병 낫기를 위해 서로 간구하라고 말씀하고 있습니다(역대하 30:20; 야고보서 5:15-16).

4) 예언기도

예언기도는 하나님께서 우리에게 주시는 말씀을 대언하는 것입니다(고린도전서 12:10). 예언기도의 목적은 교회에 유익을 주고, 성도들을 권면하고 위로하기 위함입니다.

5) 작정기도

작정기도는 특별한 기도제목을 놓고 시간을 정하여 드리는 기도로서 금식기도와 병행하는 경우가 많습니다.

▶▶▶ **특히 작정기도 이후에는, 응답될 때마다 감사기도 드리는 것을 빠뜨리지 말아야 합니다. 이를 위해 작정기도의 응답 내용을 공동체 안에서 간증하는 것도 좋은 방법입니다. 사람들과 그 응답된 내용을 함께 나누게 되면 하나님께 더 큰 감사와 영광을 돌릴 수 있기 때문입니다.**

더불어 나눔

1. 요즘 내가 가장 많이 드리고 있는 기도는 무엇인지 나누어 봅시다.

▶▶▶ 인도자는 두 가지 방법으로 인도할 수 있습니다. 하나는 공개적으로 최근의 기도제목 내용을 나누는 방식입니다. 또 하나는 비공개로 종이에 최근 기도제목들을 적는 방식입니다. 후자는, 비공개인 만큼 비밀스러운 기도제목까지 다 적을 수 있도록 인도합니다. 그리고 적은 것을 잘 간직하여 나중에 어떻게 응답되었는지 확인해 보라고 전합니다.

2. 소그룹에서 특별히 작정기도해야 할 부분은 없는지 나누어 봅시다. 그리고 기도제목이 결정되면 시기를 정하여 모일 때마다 그 부분에 대해서 기도하도록 결단합시다.

▶▶▶ 최근에 나왔던 기도제목에 대해서 점검해 보고, 추가로 기도해야 할 소그룹의 기도제목은 없는지를 서로 물어봅니다. 또한 1번에서 나왔던 기도제목 중, 공동체가 함께 기도해야 할 부분이 있다면 그 부분도 같이 기도제목에 올리도록 합니다.

마음 밭에 심기

주제 말씀 암송

아무 것도 염려하지 말고 다만 모든 일에 기도와 간구로, 너희 구할 것을 감사함으로 하나님께 아뢰라 **빌립보서 4:6**

▶▶▶ 이 성구는 기도를 통해 간구하고 감사해야 한다는 사실을 잘 보여 주고 있습니다. 인도자는 이 성구를 암송하면서 간구만이 아닌 감사가 더해진 기도를 드리자고 전합니다.

마음에 새기기

▶▶▶ 인도자는 마음에 새기기를 통해 이 과에서 배운 내용을 점검하고 중요 내용을 숙지할 수 있어야 한다고 말합니다. 읽을 때에는, 스스로 읽고 복습하는 것도 좋지만 서로 짚어 주는 것이 더 효과적일 수 있습니다. 그러므로 소그룹별로 읽어볼 수 있도록 유도합니다. 또한 인도자는 한 주에 한 번 이상 이 내용을 각자 체크할 수 있도록 권면합니다.

기도의 내용은 크게 네 가지로 정리됩니다

1. 하나님께 찬양과 경배를 드려야 합니다.
2. 죄를 고백하고 용서를 구해야 합니다.
3. 하나님의 역사에 감사하는 시간을 가져야 합니다.
4. 하나님을 신뢰하며 간구해야 합니다.

우리는 다양한 방법으로 기도할 수 있습니다

1. 나 홀로 개인기도를 드릴 수 있고, 특정 제목을 놓고 다 함께 연합(합심) 기도를 드릴 수 있습니다.
2. 문제의 해결을 위해 말씀을 기반으로 선포하는 통성기도를 할 수 있고, 소리를 내지 않고 묵상기도를 드릴 수 있습니다.
3. 골방에서 하나님과 은밀히 기도할 수 있고, 여러 사람을 대표하여 기도를 드릴 수 있습니다.
4. 나의 특정 기도제목을 놓고 기도를 드릴 수 있고, 다른 누군가를 위하여 대신 중보기도를 할 수 있습니다.
5. 첫 시간을 새벽기도로 하나님께 드릴 수 있고, 밤에 깨어서 철야기도를 드릴 수 있습니다.
6. 그 외에도 금식기도, 방언기도, 신유기도, 안수기도, 작정기도 등이 있습니다.

▶▶▶ 인도자는 이 과를 정리하며 마무리합니다. 이 과에서는 기도의 방법과 기도의 종류에 대해서 배웠습니다. 특히 이 과는 기도의 방법에 대해 막막하게 생각했던 구성원에게 큰 도움이 되었을 것입니다.
다음 과에서는 어떻게 생활 속에 기도를 가득 차게 할 수 있는지를 배우게 됩니다.

Tip 기도의 단계

기도의 종류뿐만 아니라 그 수준도 다양합니다. 기도의 수준은 크게 일곱 단계로 나누어집니다. 처음엔 비록 낮은 단계의 기도생활에 머물더라도 훈련을 받으면 받을수록 더욱 깊고 성숙한 기도 단계로 발전합니다.

1단계 : 생각(positive thinking)의 단계
긍정적인 믿음의 표현과 자기 생각을 통해 기도하는 단계입니다.

2단계 : 간구(petition)의 단계
자신의 필요를 채움 받고 문제를 해결하기 위해 기도하는 단계입니다.

3단계 : 중보(intercession)의 단계
자신이 아닌 다른 사람의 필요와 문제를 놓고 기도하는 단계입니다.

4단계 : 찬양(praise)의 단계
필요의 단계를 넘어 기도를 받으시는 하나님을 예배하고 경배하는 것 자체에 힘쓰는 단계입니다.

5단계 : 묵상(meditation)의 단계
하나님을 마음속에 모셔드리고 성령과의 교통을 위해 기도하는 단계입니다.

6단계 : 축복(blessing)의 단계
예수 그리스도의 이름으로 다른 사람들을 위해 복을 비는 단계입니다.

7단계 : 명령(command)의 단계
하나님께 기도할 뿐만 아니라 사탄을 물리치기 위해 강력하게 기도하는 단계입니다.

제4과

기도생활화를 위한 훈련 단계

오늘 우리는...

- 이 과를 통해, 기도를 생활화하기 위한 4단계에 대해 알게 됩니다.
- 이 과를 통해, 단계별로 어떤 과정을 경험해야 하는지 구체적인 방법에 대해 배우게 됩니다.

▶▶▶ 인도자는 기도훈련이 곧 기도생활화라고 강조합니다. 그리고 기도생활화를 위한 방법을 이번 시간에 배우게 된다고 전합니다. 그만큼 중요성을 강조하면서 이 과를 시작합니다.

마음 문 열기

에이브러햄 링컨은 기도의 사람이었습니다. 매일 시간을 정해 놓고 하나님 앞에 무릎을 꿇는 삶을 살았습니다. 특히 남북전쟁을 치르면서 전세가 불리하면 언제나 먼저 하나님께 엎드렸습니다. 그는 막사 안에서 기도할 때면 언제나 흰 수건을 문 앞에 걸어 두었습니다. 이것은 기도시간에는 아무도 접근하지 말라는 표시였습니다.

어느 날 전쟁 중에 매우 다급한 상황이 벌어졌습니다. 이 사실을 알리기 위해 한 보좌관이 링컨의 막사 앞에 흰 수건이 걸려 있음에도 들어가 보고했습니다.

"각하! 너무나 다급한 일이 생겼습니다."

"여보게, 보좌관! 나는 지금 하나님과 깊은 대화 중이라네!"

이처럼 링컨은 하나님과 친밀한 교제를 나누며 살았던 인물이었습니다. 결국 링컨은 남북전쟁을 승리로 이끌었습니다.

▶▶▶ **인도자는 기도를 생활화하는 데 모범을 보였던 링컨의 모습에 주목하게 합니다. 특별히 예화에서 링컨은 무엇보다 기도를 우선시하고 있습니다. 간혹 바쁘다는 핑계로 기도를 거르는 사람들이 있는데, 바쁜 일이 우선되다 보면 결코 기도를 생활화하지 못합니다. 링컨처럼 먼저 기도하고자 하는 자세를 가질 때 기도가 생활화됩니다. 또한 기도로 일을 시작하면 일하는 과정에서도 속으로 계속 기도하게 됩니다. 자연히 '늘 기도하는 사람'이 될 수 있는 것입니다.**

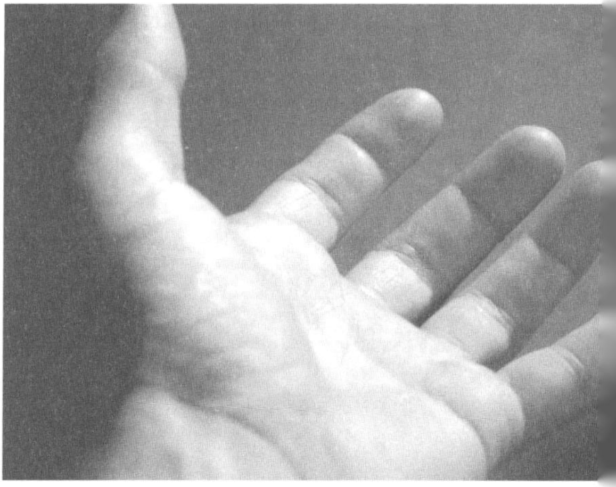

여기서 잠깐

기도의 능력을 경험하는 자의 삶이 하나님께 영광 돌리는 삶으로 이어질 수 있는 이유는 무엇일까요?

▶▶▶ 삶 속에서 기도의 능력을 경험했다는 것은 하나님과 꾸준히 교제하는 삶을 살고 있다는 것입니다. 하나님과 꾸준히 소통하고 하나님의 도우심을 늘 체감하기 때문에, 하나님이 이루신 놀라운 역사 앞에서 늘 하나님을 의식하며 떠올리게 됩니다. 누군가는 그것을 우연이나 인간의 공로로 돌릴 수 있지만, 기도자는 그것이 모두 하나님이 행하신 일임을 깨닫고 늘 영광 돌리게 됩니다.

배움과 익힘

▶▶▶ 인도자는 들어가기 전에 먼저 지난 과와 이 과에서 배울 내용의 차이를 설명합니다. 방법적인 부분을 비슷하게 다루는 것 같지만, 지난 과에서 다룬 '기도의 방법'은 '기도 자체의 방법'을 다룬 것이었습니다. 반면에, 이 과에서 다룰 내용은 '기도를 생활화하기 위한 방법'입니다.

1단계 - 뜻을 정하기

가. 결단하기

하나님은 다니엘이 기도하기로 결심하던 첫날부터 그 기도를 들으셨습니다. 우리는 기도를 내일로 미루지 말고 '오늘' 해야 합니다. 하지만 기도를 하기로 결단하는 것은 우리의 힘과 의지로 하는 것이 아니라 하나님께 겸손히 맡겨 그분의 도우심을 받는 것입니다. 우리가 하나님을 믿고 맡길 때 하나님은 우리가 기도에 집중할 수 있도록 이끌어 주시기 시작하십니다.

> 그가 내게 이르되 다니엘아 두려워하지 말라
> 네가 깨달으려 하여 네 하나님 앞에 스스로 겸비하게 하기로
> 결심하던 첫날부터 네 말이 응답 받았으므로
> 내가 네 말로 말미암아 왔느니라 다니엘 10:12

▶▶▶ 다니엘의 신실한 기도에 대해 하나님께서는 확고하고도 신속한 응답을 보여 주셨습니다(다니엘 9:23). 하나님께서는 다니엘이 동족의 구원과 회복을 위해 기도하려고 마음먹은 순간부터 다니엘의 중심을 미리 아시고 그 응답을 준비하셨습니다. 인도자는 그만큼 결단이 중요함을 전합니다.

나. 성령과 말씀에 의지하기

기도생활의 중요한 원칙은 성령님의 도우심을 구하는 것입니다. 개인의 노력만으로 기도의 삶을 살려고 하는 것이 아니라 성령님의 도우심과 인도하심 속에서 기도생활이 이루어져야 합니다.

성령님의 도움을 받아야 하는 이유는 성령님께서 누구보다도 우리를 잘 아시기 때문입니다. 성령님은 우리가 하나님의 뜻대로 기도하도록 도우십니다. 기도하는 과정뿐 아니라 기도의 내용까지 성령님께서 인도해 주십니다.

이와 같이 성령도 우리의 연약함을 도우시나니
우리는 마땅히 기도할 바를 알지 못하나 오직 성령이 말할 수 없는
탄식으로 우리를 위하여 친히 간구하시느니라
마음을 살피시는 이가 성령의 생각을 아시나니 이는 성령이
하나님의 뜻대로 성도를 위하여 간구하심이니라 로마서 8:26-27

그뿐만 아니라 성경말씀에 의지해서 기도해야 합니다. 성령님이 기도의 교사라면 성경은 기도의 교과서입니다. 기도는 교과서에 따라 드려야 효과가 있습니다. 말씀을 읽고 묵상하며 그 말씀에 근거하여 기도하면, 더 놀라운 역사가 일어납니다. 성경에 기록된 하나님의 말씀을 신뢰하고 붙든다는 것은 곧 하나님을 온전히 믿는 것이기 때문입니다.

이러므로 우리가 하나님께 끊임없이 감사함은
너희가 우리에게 들은 바 하나님의 말씀을 받을 때에
사람의 말로 받지 아니하고 하나님의 말씀으로 받음이니
진실로 그러하도다 이 말씀이 또한
너희 믿는 자 가운데에서 역사하느니라 데살로니가전서 2:13

▶▶▶ 성령님이 우리의 마음에 내주하시면, 우리의 속사람이 강해집니다. 또한 아무리 연약하고 실패를 되풀이해 온 사람일지라도 힘찬 증인이 됩니다. 그리고 성령이 자유롭게 마음속에서 역사하실 때, 사랑이라는 아름다운 품성의 열매를 풍성히 맺게 됩니다.

다. 기도 서약문 작성하기

기도의 삶을 살기로 결단한 것을 기록으로 남겨두면 좀 더 긴장하고 기도훈련에 임할 수 있습니다. 그러므로 매일 일정한 시간 동안 하나님과 만남의 시간을 가지겠다고 서약문을 작성하는 것이 좋습니다. 기도 서약문을 작성하는 것은 기도생활을 몸소 실천하는 데 강한 동기를 부여해 줄 뿐만 아니라 처음 결단했을 때의 마음가짐을 놓치지 않게 해주는 역할을 합니다(기도 서약문 샘플은 8과에 제시되어 있습니다).

▶▶▶ **인도자는 8과에 나온 샘플을 활용해도 좋고, 스스로 서약문 형식을 만들어 보아도 좋다고 이야기합니다. 서약문은 정해진 틀이 있는 것은 아니므로 진심을 담아 편하고 자유롭게 쓸 수 있어야 합니다. 또한 서약문을 쓰는 것보다 중요한 것은 쓴 대로 실천하는 것이므로 이를 늘 명심해 두며 작성해야 합니다.**

2단계 - 계획 세우기

가. 구체적인 시간 정하기

기도는 형식적이거나 억지스러운 자리가 되어서는 안 됩니다. 꼭 자리에 앉지 않아도 길을 가면서, 다른 일을 하면서 하나님께 마음으로 기도할 수 있습니다. 그러나 기도를 생활화하고 기도훈련을 쌓아가기 위한 첫 단계에서는 시간을 정해 두고 기도하는 것이 바람직합니다. 특히 규칙적으로 기도할 수 있는 시간을 마련해 두는 것이 좋습니다.

기도시간을 정할 때에는 몇 시에 기도하겠다고 정하는 것뿐만이 아니라 몇 시까지 기도하겠다고 정해 놓는 것도 중요합니다. 처음에는 아주 짧은 시간으로 시작해야 합니다. 첫 주간에는 하루에 5분에서 10분 정도의 시간을 내는 것이 효과적입니다.

특별히 우리는 매일 살아가면서, 어떤 일도 기도만큼 중요하고 긴급하지 않음을 늘 기억해야 합니다. 기도시간을 계획하고 그 시간에 꾸준히 기도하는 것은 인간의 게으름과 나약함을 극복하여 온전히 하나님께 나아가는 모습입니다. 그러므로 시간을 정하여 기도하고, 행여 바쁜 상황에 놓이게 되더라도 핑계치 말고 그 시간에 하나님과 교제해야 합니다.

▶▶▶ '언제 기도할 것인가?'하는 것은 별로 큰 문제가 아닙니다. 그러나 우리가 기도의 삶을 통해 충만한 축복을 받으려면 알맞은 시간에 기도하는 것이 중요합니다.

예수님의 기도를 보더라도 기도에 알맞은 시간이 있음을 알 수 있습니다(새벽 – 마가복음 1:35, 저녁 – 마가복음 6:46, 철야 – 누가복음 6:12). 그리고 다니엘도 하루 세 번 예루살렘을 향하여 기도했으며(다니엘 6:1–10), 초대교회 사도들도 시간을 정해서 기도했습니다(사도행전 3:1–10).

그러므로 여기서 시간을 정한다는 것은, 오직 기도에만 집중하는 특정 시간을 정하는 것을 말합니다.

나. 모임에 참석하기

기도를 목적으로 하는 모임에 참여하면 기도를 생활화하는 데 큰 도움이 됩니다. 그러므로 정기적으로 참여할 수 있는 기도모임을 만들거나 기존의 기도모임에 참여하고자 계획을 세우도록 합니다.

소그룹으로 모여 기도에 우선순위를 두는 삶을 살다 보면 어느덧 기도가 생활화된 자신의 모습을 발견하게 될 것입니다. 또한 혼자서 기도할 때는 경험하지 못했던 성령님의 역사를 경험할 수 있고, 정기적인 모임으로 더욱 철저한 기도습관을 가질 수 있습니다.

> 두세 사람이 내 이름으로 모인 곳에는
> 나도 그들 중에 있느니라 마태복음 18:20
>
> 그들이 듣고 한마음으로 하나님께 소리를 높여 이르되
> 대주재여 천지와 바다와 그 가운데 만물을 지은 이시요……
> 빌기를 다하매 모인 곳이 진동하더니 무리가 다 성령이 충만하여
> 담대히 하나님의 말씀을 전하니라 사도행전 4:24, 31

대표적인 기도모임으로는 새벽기도, 구역모임, 소그룹 기도모임, 가정예배 등이 있습니다.

▶▶▶ **어떤 면에서 기도는 우리에게 자연스럽지 않은 것일 수 있습니다. 하나님과 대화하고 교통하도록 지음 받은 인간이지만 타락으로 말미암아 그 교통을 즐거워하지 않을 수 있습니다. 그러므로 우리는 기도모임을 통하여 기도를 배워야 하고, 습관적으로 기도하도록 우리 자신을 훈련시켜야 합니다. 그리고 기도가 얼마나 복되고 행복한 것인지를 깨달아야 합니다. 이처럼 기도는 저절로 되는 것이 아니라 우리 자신이 노력해야 하는 영적 훈련입니다.**

3단계 - 실행하고 점검하기

계획에 따라 하루씩 실행해 나가면서 병행되어야 할 것은 점검입니다. 점검에는 두 가지 방법이 있습니다.

가. 스스로 점검하기

스스로 기도를 꾸준히 하고 있는지 점검해야 합니다. 특히 기도노트를 마련하여 손으로 기록하면, 기도가 훨씬 더 효과적일 수 있습니다. 기도노트는 우리의 기도를 보다 생산적이고 효과적이며 목적에 맞게 만드는 힘이 있습니다(8과에 제시된 '중보기도노트'를 통해 기도노트 활용법을 배울 수 있습니다).

▶▶▶ **기도생활을 더 풍성하게 하는 방법의 하나가 기도를 글로 쓰는 것입니다. 인도자는 마를린 헤블린이 했던 말을 전합니다.**
"기도할 때 가끔 정신 집중이 안 될 수 있으나 손과 마음 또 온 정신이 모아지면 좋은 기도시간이 될 수 있을 것이다. 큰 공책에는 기도를 쓰기 시작했고 이 기도공책 외에 조그만 공책을 따로 놓고 기도시간을 갖기 시작했다. 기도시간에 생각나는 것들, 잊어서는 안 되는 것들을 조그만 공책에 적었다."
그녀는 이렇게 기도를 한 후 많은 유익을 얻을 수 있었다고 하며 이제까지 자기를 쏟아 놓기만 하던 기도가 이제는 하나님과 나누는 대화가 되었다고 했습니다.

또한 탐 화이트의 사례도 이야기해 줍니다. 그는 기도일지 왼쪽 페이지에는 기도제목을, 그리고 오른쪽 페이지에는 날짜와 하나님의 응답 내용을 적었습니다. 이 기도일지를 항상 지니고 다니면서 성령의 인도하심에 따라 수시로 기록해 나갔다고 합니다. 물론 기도를 통한 유익이 기도일지를 중심으로 이루어지는 것은 아니었습니다. 그러나 이런 습관을 통해서 자신의 생각과 성령의 인도하심을 객관화시키는 데 도움을 받았다고 합니다. 지금은 다른 나라들과 그 나라들에 대한 복음 전도 사역을 위해 기도하는 일이 그의 삶의 일부가 되었습니다.

나. 서로 점검해 주기

사도행전 3장 1절에서 베드로와 바울은 함께 기도하러 올라갔습니다. 이처럼 함께 기도하면 기도하는 것 자체에 힘을 더해 줄 뿐만 아니라 서로 점검할 수 있습니다. 그러므로 가족이나 친구 등의 동역자들과 함께 기도시간을 정하고 서로의 기도제목을 나누는 '동역기도'를 하는 것이 좋습니다. 영적인 관심을 두고 서로 점검해 주는 길은 참된 사랑과 교제를 나누는 길이기도 합니다.

> 제 구 시 기도 시간에 베드로와 요한이 성전에 올라갈새 사도행전 3:1

4단계 - 연장하기

가. 기도시간을 늘려나가기

시간이 지나면, 각자의 믿음의 분량에 따라 기도시간을 점차 늘리는 것이 바람직합니다. 그렇게 인내심을 갖고 기도 연습을 계속하다 보면 기도시간은 점점 늘어나게 됩니다. 그 가운데서 하나님과 교제의 기쁨을 맛보게 되면, 자연히 기도시간이 늘어나는 것을 경험할 수 있습니다. 기도는 하나님과 친밀한 관계로, 거룩한 삶으로 이끌어 주기 때문입니다.

> 하나님의 말씀과 기도로 거룩하여짐이라 디모데전서 4:5

나. 매 순간 기도로 나아가기

위의 훈련이 꾸준히 이루어지면 기도가 좀 더 쉽고 자연스러워집니다. 하나님과 대화하는 습관을 꾸준히 기르다 보면 언제 어디서라도 하나님과 교제하는 것이 가능해지는 것입니다. 특정기도시간이 아니더라도, 다른 일을 하면서 마음속으로 하나님께 기도드릴 수 있습니다. 그리하여 쉬지 않고 기도하는 단계로 나아가게 됩니다.

> 쉬지 말고 기도하라 데살로니가전서 5:17

특히 쉬지 않고 기도하는 단계로 나아갈 수 있는 비결은 성령님을 의지하고 말씀을 붙드는 것에 근거합니다. 기도훈련을 계속 하다 보면, 성령님께서 인도하시는 것과 하나님의 말씀이 살아 역사하는 것을 경험하게 됩니다. 그리고 이렇게 성령의 인도하심과 말씀의 역사하심을 체험하며 살게 되면, 늘 감사와 찬양이 넘쳐나게 됩니다. 결국 감사와 찬양은 하나님과의 대화이기 때문에 끊임없는 기도를 가능하게 해줍니다.

▶▶▶ 인도자는 누구나 장성한 그리스도의 분량에 이르러야 한다고 전합니다. 이를 위해 기도의 양과 수준이 더 나은 단계로 진행되는 것을 늘 소망하고 노력해야 합니다. 성령님의 도우심과 더불어 결단할 때, 더 깊이 있는 기도, 하나님과 더욱 친밀해지는 기도를 드릴 수 있습니다.

더불어 나눔

1. 기도모임에 참여해 본 적이 있다면, 그때 경험했던 은혜와 소중한 경험들을 나누는 시간을 가져 봅시다.

▶▶▶ 이 과는 기도생활화와 관련된 과입니다. 그러므로 인도자는 '기도모임을 통해 기도를 생활화하는 데에 도움되었던 적은 없는지' 먼저 물어보도록 합니다. 그런 경험들에 대해서 나눈 후, 이어서 기도모임을 통해 체험했던 은혜에 대해 나누도록 합니다.

2. 쉬지 않고 기도하는(데살로니가전서 5:17) 단계로 나아가기를 소망하고, 기도의 삶으로 나아가기 위해 결단하는 시간을 가져 봅시다.

▶▶▶ 인간의 힘으로는 쉬지 않고 기도하는 것이 불가능하지만 성령님께서 함께 하시면 기도 가운데 거하는 삶을 살 수 있습니다. 성령님이 내 안에 내주하시게 되면 늘 하나님과 교제할 수 있기 때문입니다. 인도자는 이 사실을 다시금 짚어 주면서 항상 기도하는 사람이 되자고 권면합니다.

마음 밭에 심기

주제 말씀 암송

쉬지 말고 기도하라 데살로니가전서 5:17

▶▶▶ 이 성구는 이 과의 주제인 '기도생활화'를 실천하기 위해 늘 기억해야 할 말씀입니다. 전도자는 비록 짧은 성구이지만, 이 안에 인생을 승리로 이끌 힘이 담겨 있다고 전합니다.

마음에 새기기

▶▶▶ 인도자는 마음에 새기기를 통해 이 과에서 배운 내용을 점검하고 중요 내용을 숙지할 수 있어야 한다고 말합니다. 읽을 때에는, 스스로 읽고 복습하는 것도 좋지만 서로 짚어 주는 것이 더 효과적일 수 있습니다. 그러므로 소그룹별로 읽어볼 수 있도록 유도합니다. 또한 인도자는 한 주에 한 번 이상 이 내용을 각자 체크할 수 있도록 권면합니다.

기도의 삶을 살려면 먼저 뜻을 정해야 합니다

1. 겸손하게 하나님의 도우심을 구하며 결단하는 일이 우선되어야 합니다.
2. 기도의 삶으로 나아갈 수 있도록 성령님의 도우심을 구하고 말씀을 의지하는 과정이 필요합니다.
3. 결단할 때의 마음이 유지되도록 기도 서약문을 작성해 두는 것도 좋은 방법입니다.

기도가 습관이 되기 위해 구체적인 계획을 세워야 합니다

1. 하루 중, 하나님과 집중적으로 교제할 구체적인 시간을 정해 둡니다.
2. 정기적인 기도모임에 참여하기로 계획하는 것도 좋은 방법입니다.

계획을 세웠으면 실제로 실행하고 점검하는 습관이 필요합니다

1. 기도노트 등을 통해 스스로 점검해 보아야 합니다.
2. 동역자들 간에 영적인 관심을 두고 서로 점검해 주는 일이 필요합니다.

기도훈련의 마지막 단계는 '연장하기'입니다

1. 기도훈련을 쌓아 가다 보면, 기도시간이 자연스럽게 길어집니다.
2. 기도훈련을 쌓아 가다 보면, 언제 어디에서든 하나님의 임재를 느끼게 되고 자연스럽게 하나님과 대화하게 됩니다.

▶▶▶ 인도자는 이 과를 정리하며 마무리합니다. 이 과에서는 기도를 우리 삶 가운데 가득 채우는 방법에 대해서 배웠습니다. 이론으로만 기억할 것이 아니라 실제 적용을 위해서도 힘쓸 것을 결단하며 이 과를 마치도록 합니다.
다음 과에서는 기도의 응답에 대해 배우게 됩니다. 특히 응답에 관하여서는 많은 궁금증을 가질 수 있으므로 기대감을 갖고 다음 과에 임할 수 있게 합니다.

제5과

기도와 응답

오늘 우리는...

- 이 과를 통해, 하나님께서 우리의 기도에 어떻게 응답해 주시는지 알게 됩니다.
- 이 과를 통해, 하나님께 응답받기 위해 어떻게 기도해야 할지 알게 됩니다.

▶▶▶ 인도자는 이 과에서 기도 응답에 대한 올바른 이해와 응답받기 위한 기도를 하는 방법에 대해 배우게 된다고 전합니다. 또한 이 과를 배우고 나면 기도 응답받는 역사를 삶 속에서 더욱 풍성히 경험하게 될 것이라고 말하며 기대를 갖게 합니다.

마음 문 열기

1980년 제52회 미스 아메리카로 뽑혔던 '쉐릴 프레위트'라는 여성이 있었습니다. 그녀는 1968년 아버지와 함께 자동차를 타고 가다가 차가 전복되어서 왼쪽 다리를 크게 다쳤습니다. 다리가 부서져서 몇 차례 봉합수술을 받았지만 다리가 완전히 낫지는 못했습니다. 더 이상 다리가 자라지 않아서 왼쪽 다리와 오른쪽 다리의 길이가 5cm정도 차이가 났습니다. 결국 그녀는 평생 절뚝거리며 걸어야 했습니다.

1974년 10월 21일, 사고 난 지 6년이 지났을 때 그녀는 어느 부흥성회에 참석하게 되었습니다. 그 부흥성회 중에 갑자기 성령의 감동이 왔고 눈물이 흘러내렸습니다. 그리고 "죽은 자도 살리시는 하나님, 내 다리를 고쳐주옵소서. 그래서 내가 정상적으로 활동할 수 있게 주님 도와주옵소서."라고 기도했습니다. 그러자 갑자기 온몸이 뜨거워지면서 다리 한쪽이 늘어나기 시작했습니다. 5cm 나 차이 나던 다리가 정상이 된 것입니다. 그 후, 그녀는 미스 아메리카에 당선되어서 많은 사람 앞에서 간증을 했습니다. 그녀는 많은 사람이 TV를 보고 있는데, "예수님 외에 누가 저를 고쳤겠습니까?"라고 하며 예수님을 증거 했습니다.

▶▶▶ **인도자는 쉐릴 프레위트가 기도 응답을 받기 전의 모습과 받은 후의 상황을 비교하며 말합니다. 그녀는 응답받기 전에도 하나님을 의지했지만, 받은 이후에도 동일하게 하나님을 의지했습니다. 그래서 간증의 삶을 살았습니다. 인도자는 이 예화를 통해** '기도 응답이 하나님께 영광 돌리는 삶으로 이어져야 한다' **는 사실을 깨닫게 합니다.**

여기서 잠깐

기적과 기도 사이에는 어떤 관계가 있을까요?

▶▶▶ 기적은 결코 우연이나 인간의 능력에 의한 것이 아니라 하나님에 의한 역사입니다. 그런데 그 역사는 기도를 통해 가능해집니다. 하나님은 우리의 기도 없이도 그 일을 능히 행하실 수 있지만 우리로 하여금 기도하게 하십니다. 기도하고 응답받는 과정을 통해 그 기적이 우연이 아닌 하나님의 역사임을 깨달을 수 있기 때문입니다.

배움과 익힘

▶▶▶ 성도 중에는 기도 응답에 대해 오해하고 있는 경우가 많습니다. 대표적인 것이 기도한 그대로 이루어지는 것을 '기도 응답'이라고 생각하는 경우입니다. 인도자는 기도 응답에 대해 올바로 이해하는 것이 중요하다고 알려 주면서 다양한 기도 응답의 형태를 먼저 살펴보자고 합니다.

1. 기도 응답의 원리

우리는 기도한 후, 원하는 결과가 나타나지 않으면 하나님의 응답이 없다고 생각합니다. 그러나 모든 기도는 반드시 응답됩니다. 하나님께서는 우리에게 분명하게 약속하셨습니다.

> 구하라 그리하면 너희에게 주실 것이요 찾으라 그리하면
> 찾아낼 것이요 문을 두드리라 그리하면 너희에게 열릴 것이니
> 구하는 이마다 받을 것이요 찾는 이는 찾아낼 것이요
> 두드리는 이에게는 열릴 것이니라 마태복음 7:7-8

하나님의 생각은 인간의 생각을 뛰어넘습니다. 우리는 하나님께서 인간이 생각하는 방식과 다르게 응답하실 수 있음을 기억해야 하며, 어떤 것이든 하나님의 선하신 응답임을 명심해야 합니다. 하나님이 우리에게 응답하시는 다양한 방식과 원리에는 다음과 같은 것들이 있습니다.

가. 우리가 간구한 것을 그대로 들어 주시는 경우(Yes)

우리가 간구한 것이 그대로 이루어지는 경우가 있습니다. 혹은 우리의 요청대로 하나님이 허락해 주시는 경우가 있습니다. 이것은 모든 것이 하나님의 뜻에 합하고, 하나님이 계획하신 것과 들어맞기 때문입니다. 이때 우리는 응답하신 하나님의 역사에 감사해야 합니다. 또한 우리의 요청을 허락하셨을 때는, 그것이 하나님의 인도하심임을 확신하며 그대로 실행해 나가면 됩니다.

▶▶▶ 구약성경에서 즉각적이고 긍정적인 응답을 받은 기도의 좋은 본보기는 히스기야왕의 기도입니다(열왕기하 20:2-3). 하나님께서는 죽어 가던 히스기야를 살리셨고, 15년의 삶을 더 연장해 주셨습니다(열왕기하 20:5-6).

신약성경에서 즉각적인 응답의 한 예로는 여리고성 근처에서 눈먼 소경 바디메오가 눈을 뜨게 된 사건을 들 수 있습니다. 예수님은 “네가 무엇을 하여 주기를 원하느냐?”라고 물으셨고, 바디메오는 보기를 원한다고 대답했습니다. 이때 예수님은 즉각적으로 눈을 뜨게 해주셨습니다(마가복음 10:51-52).

▶▶▶ 이렇게 기도에 대한 즉각적인 응답을 받게 되면 하나님이 우리의 기도를 들으신다는 것을 확인하게 되어 믿음이 성장하게 됩니다. 또한 하나님께 영광이 됩니다.

나. 우리가 간구한 것과 반대로 인도하시는 경우(No)

무엇인가를 간구했을 때, 하나님이 "아니다"라고 대답하실 때가 있습니다. 이것은 우리에게 더 좋은 것을 주시기 위함입니다. 우리 시각에서는 지금 내가 원하는 것이 이루어지는 것만을 응답으로 여기지만, 나를 나보다 더 잘 아시는 하나님은 정말로 필요한 것이 무엇인지를 아십니다. 그리고 우리는 당장 눈앞의 것밖에 보지 못하지만, 하나님은 앞으로 있을 모든 과정까지 다 아시고 살펴보십니다. 그러므로 우리는 내가 생각한 것과 반대되는 결과 앞에서도 감사할 수 있어야 하고 그것이 모두 하나님의 은혜임을 인정해야 합니다.

▶▶▶ 바울은 자기의 몸에 있는 육체의 가시를 위해 세 번이나 간절한 기도를 드렸습니다. 그러나 끝내 그것은 이루어지지 않았습니다. 눈에 보기에는 응답이 안 된 것 같지만 바울은 하나님의 뜻을 깨닫고 진심으로 기뻐하며 자신의 약함을 자랑했습니다(고린도후서 12:7-10). 그는 이를 통해 겸손할 수 있었고, 그리스도의 더 큰 능력을 받게 되었다고 증거합니다. 인도자는 바울의 이야기를 들려주면서 하나님은 우리에게 최선이 어떤 것인지 가장 잘 아신다고 전합니다. 눈에 보이는 응답이 없더라도 하나님의 선하심과 인자하심을 전적으로 신뢰한다면 궁극적으로 하나님의 뜻을 밝히 알 때가 있을 것임을 전합니다.

다. 기다리라고 말씀하시는 경우(Wait)

우리는 당장 무엇인가가 이뤄지기를 기대하며 간구하지만, 하나님은 우리에게 기다리라고 응답하실 때가 있습니다. 이것은 하나님이 능력이 없거나 우리를 사랑하지 않으시기 때문이 아닙니다. 가장 적당한 때에 뜻을 이루시기 위함입니다. 그러므로 기다려야 할 때는 하나님을 신뢰하고 인내함으로 잠잠히 기다리면 됩니다. 또한 기다릴 때에는 고통과 절망 속에서 막연히 기다리는 것이 아니라 '하나님의 때'를 기대하는 마음으로 기다려야 합니다.

▶▶▶ **기도는 반드시 응답됩니다. 그러나 하나님은 기도자에게 회개가 필요하거나 인내가 필요할 때, 또 아직 응답의 때가 이르지 못했을 때, 응답의 시기를 지연하시면서 점차적으로 응답을 주십니다. 인도자는 대표적인 성경의 사례로, 84년간 기도하며 기다리다가 메시아를 뵙게 된 안나와 인내하면서 기다리다가 기도의 응답을 받은 욥을 이야기합니다.**

2. 응답받는 기도의 기본 요건

가. 하나님의 뜻대로 구하기

그리스도인의 기도는 항상 하나님의 관심사를 최우선에 두어야 합니다. 자신이 바라는 것만 구하는 것이 아니라 하나님의 뜻에 합한 기도를 해야 합니다. 하나님의 뜻에 맞는 간구라면 반드시 응답을 받게 됩니다.

> 그를 향하여 우리가 가진 바 담대함이 이것이니
> 그의 뜻대로 무엇을 구하면 들으심이라 요한1서 5:14

하나님의 뜻대로 기도하려면 다음과 같은 모습이 필요합니다.

1) 가난한 심령으로 나아가기

하나님은 상한 심령으로 나아오는 자를 원하십니다. 이것은 자기 뜻을 비우고 오직 하나님의 뜻만을 온전히 구하는 모습이기 때문입니다.

> 하나님께서 구하시는 제사는 상한 심령이라 하나님이여
> 상하고 통회하는 마음을 주께서 멸시하지 아니하시리이다 시편 51:17
>
> 세리는 멀리 서서 감히 눈을 들어 하늘을 쳐다보지도 못하고
> 다만 가슴을 치며 이르되 하나님이여 불쌍히 여기소서
> 나는 죄인이로소이다 하였느니라 누가복음 18:13

▶▶▶ 인도자는 세리의 모습을 자세히 설명합니다. 세리는 하나님께 용서를 비는 동시에 자신이 마땅히 받아야 할 형벌이 무엇인지를 잘 알고 있었습니다. 그뿐만 아니라 그는 자기를 가리켜 '많은 죄인 중의 한 명'이라고 칭하지 않고 "나는 죄인이로소이다"라고 고백했습니다. 여기에는 하나님의 관대한 처분만을 기다리는 겸손하고 회개하는 마음의 태도가 드러나 있습니다.

2) 하나님의 뜻과 계명을 실천하기

하나님의 뜻을 진실로 좇으려는 마음은 삶으로 드러나게 되어 있습니다. 하나님을 진정으로 믿고 의지한다면, 하나님의 말씀을 실천하고자 노력합니다. 또한 하나님의 말씀대로 살고자 노력하기 때문에 하나님의 뜻이 무엇인지를 늘 분별하게 되고 하나님의 뜻에 맞는 기도를 하게 됩니다. 하나님은 그런 사람의 기도를 기뻐 받으시고 응답해 주십니다.

무엇이든지 구하는 바를 그에게서 받나니
이는 우리가 그의 계명을 지키고
그 앞에서 기뻐하시는 것을 행함이라 요한1서 3:22

▶▶▶ 사도 바울은 독자들에게 거짓되고 무상한 이 세대의 풍습을 자신의 생활양식으로 삼지 말라고 경고합니다. 또한 늘 변하고 유동적이며 타락한 이 세대와 영원불변하시며 선하신 하나님의 뜻 사이를 분별해야 함을 말하고 있습니다. 인도자는 이것이 선행될 때, 하나님의 뜻과 계명을 실천할 수 있다고 전합니다.

나. 믿음으로 구하기

완전히 맡기지 못하는 기도는 진정한 기도라 할 수 없습니다. 하나님과의 진정한 대화를 위해 있는 그대로의 모습을 하나님께 맡기고 의지해야 합니다. 특히 불가능하다고 생각하는 일들을 다 맡길 때 하나님께서 우리에게 믿음과 소망을 주시고 기적이 일어나게 됩니다.

백성들아 시시로 그를 의지하고 그의 앞에 마음을 토하라
하나님은 우리의 피난처시로다(셀라) 시편 62:8

믿음으로 구하기 위해서는 다음과 같은 모습이 따라야 합니다.

1) 구한 것은 받은 줄로 믿기

우리가 하나님께 간구하면 하나님은 바로 들으십니다. 그리고 그 기도를 들으신 하나님은 반드시 응답해 주십니다.

> 너희가 내게 부르짖으며 내게 와서 기도하면
> 내가 너희들의 기도를 들을 것이요 예레미야 29:12

구한 것을 받은 줄로 믿는다는 것은, 곧 하나님께서 우리 기도를 들으신다는 사실을 믿는 것입니다. 비록 응답은 우리의 생각과 달리 나타날 수 있지만 하나님께서 반드시 들으시고 응답하심을 기억해야 합니다.

> 그러므로 내가 너희에게 말하노니
> 무엇이든지 기도하고 구하는 것은 받은 줄로 믿으라
> 그리하면 너희에게 그대로 되리라 마가복음 11:24

▶▶▶ **믿음이 하나님을 신뢰하는 것이라면 기도는 이 믿음을 구체적으로 표현하는 것입니다. 진정으로 기도하는 자는 기도 속에서 하나님의 뜻을 인식하고 긍정하며 그 뜻이 실현되기를 기도합니다. 기도는 믿음이 가지는 능력의 근원이고 그 힘이 발휘되는 방법입니다.**

2) 의심 버리기

의심하는 기도는 하나님께 대한 불신앙을 나타냅니다. 하나님의 인격과 능력에 대한 불신입니다. 아울러 하나님의 사랑에 대한 불신이기도 합니다. 그러므로 의심의 마음을 제거하고 기도에 임해야 합니다.

하나님은 사람이 아니시니 거짓말을 하지 않으시고 인생이 아니시니
후회가 없으시도다 어찌 그 말씀하신 바를 행하지 않으시며
하신 말씀을 실행하지 않으시랴 민수기 23:19

또한 중언부언하는 기도를 하지 말아야 합니다. 중언부언하는 기도는 하나님을 믿지 않거나 하나님의 존재와 성품에 대한 확신이 없는 기도입니다. 말을 많이 해야만 하나님께서 들으시는 줄로 생각하지 말고 하나님께 우리의 솔직한 마음을 아뢰면 됩니다.

또 기도할 때에 이방인과 같이 중언부언하지 말라
그들은 말을 많이 하여야 들으실 줄 생각하느니라 마태복음 6:7

▶▶▶ '중언부언'이란 말은 잡다할 정도로 말을 길게 끌거나 아무 의미 없는 말을 거듭 반복하는 것입니다. 의미 없는 말들을 계속해서 늘어놓는 것은 하나님을 전적으로 신뢰하지 못하기 때문입니다. 하나님께 합당한 기도는 그분이 우리의 기도를 듣고 계시며 또한 기쁘게 응답해 주실 것을 믿는 마음으로 간구하는 것입니다(이사야 65:24; 히브리서 11:6).

다. 끝까지 인내하기

믿음의 기도는 반드시 응답됩니다. 그러므로 오래 참음으로 기도하고 기도의 결과가 나타날 때까지 중단하지 말고 기도해야 합니다.

너희에게 인내가 필요함은 너희가 하나님의 뜻을 행한 후에
약속하신 것을 받기 위함이라 히브리서 10:36

끝까지 인내하며 기도하려면 다음과 같은 마음을 가져야 합니다.

1) 간절한 마음을 갖기

예수님은 비유로 간절히 청하는 자에게 응답하심을 말씀하셨습니다. 우리는 간절한 기도로 하나님께 매달려야 합니다.

> 내가 너희에게 말하노니 비록 벗 됨으로 인하여서는
> 일어나서 주지 아니할지라도 그 간청함을 인하여 일어나
> 그 요구대로 주리라 누가복음 11:8

▶▶▶ **인도자는 본문에 두 가지 교훈이 내포되어 있다고 설명합니다. 첫째는, 요청에 즉각적으로 응하지 않으려 했던 집주인과 하나님의 기꺼이 주심을 대조함으로써 하나님께 드리는 기도가 반드시 응답받을 수 있다는 확신을 주려는 것입니다(누가복음 11:9-13). 둘째는, 응답이 즉각적으로 되지 않는다 해도 계속해서 끈기를 가지고 기도해야 함을 알게 하려는 것입니다(데살로니가전서 5:17).**

2) 낙심 버리기

기도에 있어서 낙심은 금물입니다. 하나님께서 우리에게 주신 마음은 두려움이 아니라 능력과 사랑과 절제하는 마음입니다. 인내함으로 기도할 때에도 이런 마음이 필요합니다.

> 하나님이 우리에게 주신 것은 두려워하는 마음이 아니요
> 오직 능력과 사랑과 절제하는 마음이니 디모데후서 1:7

라. 깨끗한 마음으로 기도하기

기도 응답을 받으려면 하나님과 나 사이에 벽이 없어야 합니다. 그러므로 내가 버려야 할 모습을 철저히 버리고 돌이켜야 합니다. 그럴 때 하나님과 영적인 대화가 이뤄집니다.

깨끗한 마음으로 기도하는 데 필요한 자세는 다음과 같습니다.

1) 철저히 회개하기

죄는 하나님과 인간 사이를 가로막는 장벽입니다. 하나님께서는 회개하는 죄인의 기도에 응답하십니다. 회개는 모든 믿음의 기도를 위한 기초입니다.

> 여호와(야훼)의 손이 짧아 구원하지 못하심도 아니요
> 귀가 둔하여 듣지 못하심도 아니라 오직 너희 죄악이 너희와
> 너희 하나님 사이를 갈라 놓았고 너희 죄가 그의 얼굴을 가리어서
> 너희에게서 듣지 않으시게 함이니라 이사야 59:1-2

▶▶▶ **하나님은 거룩하시기에 죄가 있는 곳에는 거하실 수 없으십니다. 그 같은 상태에서는 인간이 아무리 애를 써도 하나님께 나아갈 수 없고 기도 응답을 받지 못합니다. 하나님께 나아가기 위해서는 우선 죄의 문제가 해결되어야 합니다.**

2) 외식하기 않기

외식하는 기도란 겉과 속이 다른 기도를 말합니다. 이는 하나님의 영광을 사람이 가로채는 것이며 하나님보다 사람을 의식하며 행하는

기도입니다. 기도는 사람에게 하는 것이 아니라 하나님께 드리는 것입니다. 그러므로 외적인 모습보다는 내면의 자세가 더 중요합니다.

> 또 너희는 기도할 때에 외식하는 자와 같이 하지 말라
> 그들은 사람에게 보이려고 회당과 큰 거리 어귀에 서서
> 기도하기를 좋아하느니라 내가 진실로 너희에게 이르노니
> 그들은 자기 상을 이미 받았느니라 마태복음 6:5

3) 욕심 버리기

하나님의 영광이 목적이 아닌 세속적인 욕심과 이기심에서 비롯된 기도는 결코 응답을 받을 수 없습니다.

> 구하여도 받지 못함은
> 정욕으로 쓰려고 잘못 구하기 때문이라 야고보서 4:3

▶▶▶ 인도자는 본문에서 '정욕'이 '쾌락'을 가리킨다고 전해 줍니다. 사람들이 하나님께 구하여도 얻지 못하는 것은 자신의 쾌락을 채우기 위해서 구하기 때문입니다. 하나님께서는 이러한 자의 간구는 외면하십니다.

HOLY BIBLE

더불어 나눔

1. 최근에 하나님께로부터 기도 응답을 받은 일이 있다면 함께 나누어 봅시다.

▶▶▶ 인도자는 '1. 기도 응답의 원리'에서 다뤘던 내용을 상기시켜 주면서, 우리 생각과 달리 기도 응답이 된 사례 등도 다양하게 말할 수 있게 합니다. 비록 우리 생각과 다른 방식으로 하나님이 응답하셨지만 그것이 최고의 응답이었음을 깨닫는다면 오히려 더 큰 은혜를 나눌 수 있을 것입니다.

2. 아직 응답을 기다리고 있는 기도제목이 있다면 그 기다림의 과정 역시 하나님의 은혜임을 인정하는 시간을 가져봅시다. 또한 가장 좋은 것으로 가장 적당한 때에 응답해 주실 것을 믿고 기대하는 시간을 가져 봅시다.

▶▶▶ 이때 아직 기다림의 과정에 있는 기도제목이 있다면 솔직하게 나누어 보는 것도 좋습니다. 혼자서는 답답한 문제로 남아있을지 모르지만 함께 나누게 되면 그 가운데서 위로와 격려를 나눌 수 있고, 그 가운데서 기다림도 은혜임을 깨달을 수 있기 때문입니다.

마음 밭에 심기

주제 말씀 암송

구하라 그리하면 너희에게 주실 것이요 찾으라 그리하면 찾아낼 것이요 문을 두드리라 그리하면 너희에게 열릴 것이니 구하는 이마다 받을 것이요 찾는 이는 찾아낼 것이요 두드리는 이에게는 열릴 것이니라 마태복음 7:7-8

▶▶▶ 이 성구는 기도 응답에 대한 대표적인 성구입니다. 인도자는 '반드시 응답하시는 하나님'을 기억하면서 암송하자고 전합니다.

마음에 새기기

▶▶▶ 인도자는 마음에 새기기를 통해 이 과에서 배운 내용을 점검하고 중요 내용을 숙지할 수 있어야 한다고 말합니다. 읽을 때에는, 스스로 읽고 복습하는 것도 좋지만 서로 짚어 주는 것이 더 효과적일 수 있습니다. 그러므로 소그룹별로 읽어볼 수 있도록 유도합니다. 또한 인도자는 한 주에 한 번 이상 이 내용을 각자 체크할 수 있도록 권면합니다.

하나님은 반드시 우리의 기도에 응답하십니다

1. 우리가 간구한 것을 그대로 들어 주시는 것은 하나님의 응답입니다.(Yes)
2. 우리가 간구한 것과 반대로 인도하시는 때도 하나님의 응답입니다.(No)
3. 때를 기다리라고 말씀하시는 때도 하나님의 응답입니다.(Wait)

기도 응답을 받기 위해서는 우리가 갖춰야 할 모습이 있습니다

1. 겸손한 마음으로 하나님의 뜻을 구하고 그 뜻을 실천하는 사람이 되어야 합니다.
2. 믿음으로 구하고 구한 것은 받은 줄로 믿어야 하며 의심하지 말아야 합니다.
3. 간청하는 마음을 갖고 끝까지 인내하며 기다려야 합니다.
4. 철저히 회개하고 외식과 욕심을 버린 후, 깨끗한 마음으로 간구해야 합니다.

▶▶▶ 인도자는 이 과를 정리하며 마무리합니다. 우리는 이 과를 통해 기도의 응답에 담긴 의미와 어떻게 응답 받는 기도를 할 수 있는지 배웠습니다. 오늘 배운 내용을 기억하면서 기도에 적용해 나간다면, 앞으로 기도 응답의 역사를 더 생생하게 체험할 수 있을 것입니다.
다음 시간에는 두 과에 이어서 기도훈련 모델들을 살펴보고, 구체적이고 특수한 기도 방법들을 배워 보게 될 것입니다.

Tip NGSG 기도 응답의 원리

기도에 대한 응답으로 하나님께서 말씀하시는 형태는 다양합니다. 크게 네 가지 형태로 나타날 수 있는데, 그것은 NGSG로 요약됩니다. NGSG는 아니다(No), 성장하라(Grow), 기다리라(Slow), 가라(Go)입니다.

1) 조건이 맞지 않을 때 하나님께서는 "아니다"(No)라고 말씀하십니다. 하나님이 아니라고 하실 때에는 우리에게 더 좋은 것을 주시기 위해 말씀하시는 것입니다. 그러므로 낙심하지 말고 더욱 감사하고 다른 기도를 드려야 합니다.

2) 기도하는 우리가 올바르지 않을 때 하나님께서는 "더 성장하라"(Grow)고 말씀하십니다. 기도란 우리를 위해 하나님께서 어떤 것을 행하시는 것이 아닙니다. 기도는 우리가 필요한 일을 하나님께서 행하시도록 맡기는 행위입니다.

3) 시간적으로 때가 좋지 않을 때 하나님께서는 "더 기다리라"(Slow)고 말씀하십니다. 하나님께서 보실 때 시간이 적절하지 않으면 연기하실 수 있습니다. 하지만 하나님의 연기가 곧 부정이 아닙니다. 그것은 진정한 긍정입니다.

4) 모든 것이 올바를 때 하나님께서는 "그래 가라"(Go)고 말씀하십니다. 가라고 하시는 하나님의 말씀이 임할 때 모든 것이 바뀌게 됩니다. 갑자기 기회의 문이 크게 열릴 것이고 기적이 일어나고 희망의 사건이 나타날 것입니다.

제6과

기도훈련의 모델 1

- 자화상기도, 파장형기도 -

오늘 우리는...
- 이 과를 통해, 자화상기도의 유익과 실제에 대해 알게 됩니다.
- 이 과를 통해, 파장형기도의 유익과 실제에 대해 알게 됩니다.

▶▶▶ 인도자는 이 과부터 다음 과까지 총 네 가지 기도훈련의 모델을 배우게 된다고 전합니다. 이 과에서는 그중에서도 자화상기도와 파장형기도의 모델을 다루게 될 것입니다.

마음 문 열기

〈꼬부랑 할머니〉라는 노래를 만든 한태근 선생의 일화입니다. 선생은 신일고등학교에서 음악 교사를 하면서 교회에서 지휘자로 활동했는데, 어느 날 소변을 보는데 피가 나온 것을 알게 되었습니다. 검사를 하자 방광뿐 아니라 그 주변 전체가 다 암으로 뒤덮여 버렸다는 결과를 받게 되었습니다. 수술조차 쉽지 않은 상황이 된 것입니다.

그때 한태근 선생은 하나님께 기도했습니다. "하나님, 내가 아직 할 일이 남아있습니다. 저에게 6개월만 생명을 연장해 주십시

오." 의사가 더는 가망이 없다고 했음에도 그의 기도는 기적을 불러왔습니다. 하나님은 수술을 성공하게 하셨고 생명을 연장해 주셨습니다.

당시 선생은 성경책을 찬송가로 만들어서 창세기부터 계시록까지의 내용을 찬송으로 부를 수 있게 작업을 하고 있었는데, 하나님께서 살려 주심으로 그 작업도 계속할 수 있었습니다. 그뿐만 아니라 그 찬송집을 만들 제작비가 없을 때에도 하나님께 기도로 간구했는데 〈꼬부랑 할머니〉라는 노래를 쓰겠다며 사용료 700만 원을 누군가가 가져왔습니다. 결국 그 돈으로 찬송집을 만들 수 있었습니다. 이처럼 그는 순간순간 기도를 통해 하나님의 도우심 속에서 살아갔던 것입니다.

▶▶▶ **인도자는 한태근 선생이 죽음의 위기 앞에서 기도로 하나님을 의지한 모습에 주목할 수 있게 합니다. 어떤 상황에서도 하나님을 의지하는 것은 하나님과 늘 교제하는 것을 의미합니다. 그리고 이것은 하나님과 나의 올바른 관계 형성이 이루어지고 있음을 말하는 것입니다. 인도자는 그런 관계 형성이 오늘 배울 자화상기도와도 연결됨을 미리 예고합니다.**

여기서 잠깐

우리는 기도를 통해 하나님과 얼마나 친밀한 관계를 맺고 있습니까?

▶▶▶ 인도자는 기도가 하나님과 가장 가까워지는 길이라고 말합니다. 그리고 예화와 연관하여, 기도로 하나님을 의지하는 만큼 우리는 하나님과 더욱 깊고 친밀한 관계로 나아갈 수 있다고 전합니다. 인도자는 스스로 얼마만큼 하나님과 친밀한 관계인지 돌아볼 수 있게 해주고, 이 과에서 배우게 될 자화상기도를 통해 하나님과 보다 친밀한 관계로 나아가자고 기대감을 심어 줍니다. 그리고 그 친밀한 관계 속에서 누리는 사랑을 파장형기도를 통해 능력으로 이어나가자고 전합니다.

배움과 익힘

▶▶▶ 인도자는 6, 7과에서 성경에 등장하는 대표적인 기도모델들을 연구하고 각 모델을 따라 기도를 훈련하는 시간을 갖게 된다고 전합니다. 개인적으로도 기도 훈련하는 방법이 다양하게 있겠지만, 두 과에 걸쳐 배우게 될 내용은 기도훈련에 또 다른 도움을 줄 수 있다고 말합니다.

1. 자화상기도

가. 자화상기도(Positional Prayer)란?

예수 그리스도 안에서 거듭난 우리의 진정한 모습은 엄밀히 말해서 내가 보는 나의 모습도, 남이 보는 나의 모습도 아닙니다. 하나님께서 보시는 내 모습이 진정한 나의 모습입니다. 즉 성경에서 말하는 구원받은 자의 모습이 나의 참된 자화상입니다.

그러나 사단은 우리의 자화상을 계속 왜곡시키려고 합니다. 우리로 하여금 자신의 진정한 모습을 보지 못하게 합니다. 자화상기도란 하나님의 말씀을 통해 나타난 우리의 이미지와 신분을 계속 확인하면서 우리 자신을 하나님께 드리는 기도를 말합니다.

▶▶▶ 인도자는 그리스도인의 참된 자화상에 대한 앤더슨 교수의 말을 인용합니다. "그리스도인이 되는 것은 어떤 것을 갖는 것이 아니다. 그것은 어떤 사람이 되는 것이다. 그리스도인이란 단순하게 용서를 받고, 천국에 가고, 성령을 받고, 새로운 성품을 갖게 되는 그런 사람이 아니다. 그리스도인은 내적 신분에 의한 성도이며, 영적으로 거듭난 하나님의 자녀이며, 하나님의 걸작품이며, 빛의 자녀이며, 하늘의 시민이다."

▶▶▶ 성경은 그리스도인의 겉사람은 낡아질지라도 속사람은 날로 새로워질 수 있다고 증거합니다. 그리스도 안에서 구원받은 속사람의 자화상은 세 가지 특징을 가지고 있습니다.
첫째는, 본질의 변화입니다. 구원받았다는 것은 우리의 본질, 즉 신분이 달라진 것을 의미합니다. 구원받기 전에는 마귀의 종이었지만 구원받은 후에는 하나님의 자녀가 된 것입니다. 이렇게 신분이 달라지면 운명 또한 달라집니다.
둘째는, 목적의 변화입니다. 구원을 받은 사람은 인생의 목적이 달라집니다. 구원받기 전과 똑같이 먹고 마시지만 그 먹고 마시는 목적이 달라지는 것입니다. 곧 생계수단이나 입신양명이 목적이 아니라 하나님의 나라와 의를 이루는 것, 하나님께서 시키신 일을 이루는 것이 삶의 목적이 됩니다.
셋째는, 능력의 변화입니다. 구원을 받은 속사람은 그 능력이 인간의 능력 이상이 될 수 있습니다. 성령의 능력이 우리 속사람 안에 내재하기 때문입니다. 그래서 인간적으로 불가능한 일도 하나님의 능력으로 가능하게 됩니다.

나. 자화상기도의 유익

1) 우리를 하나님께 철저히 헌신하게 함

우리의 인본주의적인 생각을 제거하고 전적으로 하나님께 자신을 내어 맡기는 삶을 살 수 있도록 인도하고 보호해 줍니다.

2) 하나님과 나의 관계가 분명해짐

하나님 안에서 우리의 위치를 알게 하여 참된 자존감을 갖게 해주고, 세상적인 유혹에 넘어가지 않게 도와줍니다.

▶▶▶ 자화상기도는 하나님께 헌신하는 기도를 드릴 때 효과적입니다. 짧은 시간 동안에 하나님 앞에 선 자신의 위치를 확인하고, 하나님 앞에 신앙을 고백할 수 있기 때문입니다. 인도자는 이런 자화상기도를 매일 드림으로써 하나님 앞에 굳건한 믿음을 갖게 된다고 전합니다.

다. 자화상기도의 실제

1) '하나님은 창조주, 우리는 피조물'임을 고백하며 기도하기

하나님은 우리를 지으신 창조주이십니다. 우리는 그분의 모양과 형상을 따라 지음받은 피조물이며 그분의 것입니다. 하나님은 또한 우리의 구세주가 되십니다. 우리가 기도로 이 사실을 고백할 때 하나님께로부터 귀히 여김을 받을 수 있습니다.

> 여호와(야훼)가 우리 하나님이신 줄 너희는 알지어다
> 그는 우리를 지으신 이요 우리는 그의 것이니 그의 백성이요
> 그의 기르시는 양이로다 시편 100:3

▶▶▶ 자화상기도는 먼저 '하나님과 우리의 관계가 창조주와 피조물과의 관계, 구세주와 구원받은 자의 관계'라는 것을 확인하는 기도입니다. 이러한 기도를 통해서 우리는 하나님 앞에서 선악을 판단하는 권한이 없다는 것을 고백하고, 하나님께 전적으로 자신을 맡겨야 합니다. 그리고 하나님께서 우리 자신의 현재와 미래, 그리고 삶의 선악을 전적으로 결정하신다는 사실을 고백해야 합니다. 이처럼 자화상기도는 하나님 앞에서 자기 자신을 겸허하게 낮추고 전적으로 내어 놓는 헌신의 기도로 나아가게 합니다.

2) '하나님은 목자, 우리는 양'임을 고백하며 기도하기

양은 목자와 매우 긴밀한 관계에 있습니다. 목자는 양을 지켜 주고 보호해 주며 양의 필요를 채워 줄 책임이 있습니다. 그러므로 하나님께서 우리의 목자가 되심을 고백하고 찬양할 때 우리의 부족함은 사라지고 푸른 풀밭과 쉴만한 물가로 인도함을 받게 됩니다.

> 여호와(야훼)는 나의 목자시니 내게 부족함이 없으리로다 시편 23:1

▶▶▶ 시편 23편에서 다윗은 인생의 주인이시자 인도자 되시는 하나님과 그를 따르는 성도들 간의 절대적 신뢰와 보호의 관계를 언급하고 있습니다. 그리고 성도가 얻는 축복을 양 떼의 복된 모습에 비유합니다. 하나님은 성도의 목자가 되시며 목자는 성도의 일상생활 속에 깊숙이 개입하셔서 인도, 보호, 위로를 베푸십니다.

▶▶▶ 이스라엘과 하나님의 관계를 목자와 양의 관계로 비유하는 것은 성경에 자주 나타납니다. 이것은 양들이 스스로 먹이를 찾을 수 없는 동물이기 때문입니다. 마치 인간 본래의 영적 상태와도 같은 것입니다. 또한 양들은 자신들을 맹수의 공격으로부터 방어할 능력이 없어 목자의 인도를 받아야 하는데, 이 점 역시 인간과 비슷합니다. 인간은 양처럼 목자 되신 하나님의 보호와 인도 하에서만 진정한 평안을 누릴 수 있습니다.

3) '하나님은 토기장이, 우리는 진흙' 임을 고백하며 기도하기

진흙은 토기장이의 마음대로 빚어집니다. 이렇듯 '토기장이' 이신 하나님은 절대주권을 가지고 계시며 '진흙' 인 우리는 하나님의 뜻에 순종하고 따라가야 합니다. 우리가 토기장이이신 하나님께 우리의 인생을 전적으로 맡기면 하나님께서는 우리를 꼭 필요한 귀한 그릇으로 빚어 주십니다.

> 그러나 여호와(야훼)여, 이제 주는 우리 아버지시니이다
> 우리는 진흙이요 주는 토기장이시니
> 우리는 다 주의 손으로 지으신 것이니이다 이사야 64:8

▶▶▶ **여기에서 토기장이 비유가 담고 있는 메시지는 그의 백성에 대한 하나님의 절대주권입니다. 토기장이이신 하나님께서는 진흙 한 덩어리를 취해서 자기 뜻대로 그릇을 만드십니다. 예쁜 그릇도 만드시고 못생긴 그릇도 만드시고 큰 그릇도 만드시고 작은 그릇도 만드십니다. 이처럼 우리는 토기장이이신 하나님께 지음 받은 질그릇과 같은 존재입니다.**

4) '예수님은 포도나무, 우리는 가지' 임을 고백하며 기도하기

가지는 나무에 붙어있어야 영양분과 수분을 공급받아 생명을 유지할 수 있습니다. 나무에서 떨어져 나간 가지는 밖에 버려지고 불에 던져질 뿐입니다. 우리가 예수님을 포도나무로 고백하면 풍성한 열매를 많이 맺는 건강한 가지로 자라게 됩니다.

나는 참포도나무요 내 아버지는 농부라…
나는 포도나무요 너희는 가지라 그가 내 안에,
내가 그 안에 거하면 사람이 열매를 많이 맺나니
나를 떠나서는 너희가 아무 것도 할 수 없음이라 요한복음 15:1, 5

▶▶▶ 예수님과 우리의 관계가 포도나무와 가지로 비유된 것은 예수님과 성도 간의 일체성을 나타냅니다. 우리가 그리스도의 주권과 인도 가운데 있다는 점에서 '그리스도 안'에 있는 것입니다. 또한 이 말씀은 우리가 그리스도를 인격적으로 영접함으로써 그리스도를 '우리 안에' 모시고 있음을 나타내는 구절입니다.

5) '주님은 신랑, 우리는 신부'임을 고백하며 기도하기

신부는 신랑에게 순종하고 존경하며, 신랑은 신부를 사랑하고 아껴주어야 합니다. 우리를 위해 목숨을 주시기까지 사랑해 주신 주님께 신부 된 우리의 사랑을 고백하며 순종하기로 결단해야 합니다.

내가 하나님의 열심으로 너희를 위하여 열심을 내노니
내가 너희를 정결한 처녀로 한 남편인
그리스도께 드리려고 중매함이로다… 고린도후서 11:2

이 외에도 성경에는 아버지와 아들(빌레몬서 1:3), 주인과 종(시편 123:2), 지휘관과 군사(디모데후서 2:4) 등 하나님과 우리의 관계를 설명해 주는 비유들이 많이 등장합니다. 자화상기도를 드리면 드릴수록 자신의 참모습을 마음에 새기게 되고, 하나님을 더 깊이 알아갈 수 있습니다.

▶▶▶ 그리스도가 교회의 머리인 것처럼 신랑은 신부의 머리입니다. 신부는 신랑을 공경하고, 신랑은 신부를 보호하고 지켜 주어야 하듯 우리는 신랑 되신 예수님께 순종하고 예수님을 공경해야 합니다. 또한 예수님께서 우리에게 일용할 양식을 주시고 모든 위험으로부터 보호해 주실 것을 기대해야 합니다. 궁극적으로 우리는 예수님의 신부로서 하나님 나라에 갈 것임을 늘 상기해야 합니다.

2. 파장형기도

가. 파장형기도(Ripple Prayer)란?

하나님은 우리가 이 세상을 기도로 품기 원하십니다. 기도 대상의 범위가 점점 넓어질수록 우리의 기도를 통한 축복도 파장 효과를 일으키게 됩니다. '파장형기도'는 돌을 물에 던지면 물결이 점차 넓게 퍼지는 것처럼, 기도의 영역을 조금씩 넓혀가면서 순차적으로 기도하는 것을 말합니다.

파장형기도는 내가 속한 크고 작은 세계에 대해 관심을 갖고 드리는 일종의 중보기도라고 할 수 있습니다. 이렇게 다른 사람들을 위해 하는 기도는 다른 사람들에게 복을 주시는 하나님의 방법입니다.

> 이러므로 우리도 항상 너희를 위하여 기도함은
> 우리 하나님이 너희를 그 부르심에 합당한 자로 여기시고
> 모든 선을 기뻐함과 믿음의 역사를 능력으로 이루게 하시고
> 우리 하나님과 주 예수 그리스도의 은혜대로
> 우리 주 예수의 이름이 너희 가운데서 영광을 받으시고
> 너희도 그 안에서 영광을 받게 하려 함이라 데살로니가후서 1:11-12

우리가 어디를 가든지 남을 위한 끊임없는 중보기도로 나아간다면 다른 이들에게 진정한 축복과 격려와 권면의 원천이 될 수 있습니다. 기도는 참된 복에 이르게 하는 길이며, 남에게 베풀 수 있는 최대의 수단입니다. 또한 기도는 남을 축복할 수 있는 능력으로써 하나님께서 주신 선물입니다.

특히 파장형기도는 오래 기도하고 싶어도 막상 5~10분 정도 기도하고 나면 더는 무엇을 위해 기도해야 할지 모르는 사람에게 도움이 됩니다. 이 방식대로 기도하면 1시간 이상 기도하는 것이 가능하고, 특히 제목을 정하여 기도하는 모임을 인도할 때 유용합니다.

▶▶▶ **우리는 중보자가 됨으로 기도를 통해 하나님의 복을 나누게 됩니다. 곧 우리는 하나님의 복을 나누는 귀한 도구로서 쓰임 받게 되는 것입니다. 그 자체가 기도의 능력이자 기도자가 누릴 수 있는 은혜입니다.**

나. 파장형기도의 유익

1) 서로 사랑하는 힘을 길러줌

다른 사람들을 위해서 기도할 때 우리는 그들의 행복과 그들의 영혼에 대해 더욱 큰 관심을 기울이게 됩니다. 또한 다른 사람들의 필요에 대해 더 깊이 알 수 있습니다. 그것은 우리의 마음을 함께 결합하며, 우리로 하여금 서로 돌아보며 사랑하게 합니다.

2) 우리 자신에게도 유익을 제공

다른 사람들을 위해서 하는 우리의 기도는 다른 사람들을 유익하게 할 뿐만 아니라 우리 자신의 영혼에도 유익을 끼칩니다.

3) 하나님과 같은 마음을 갖게 됨

다른 사람들을 위해 기도할 때 우리는 하나님의 마음을 알게 됩니다. 하나님의 사랑, 연민, 감정의 일치를 맛볼 수 있습니다. 우리를 위하여 기도하고 있는 사람들을 향해 하나님께서 갖고 계시는 마음과 같은 마음을 갖게 됩니다.

▶▶▶ **기도는 교회의 최대의 재산입니다. 오늘날 그리스도인들이 주님의 길을 예비할 수 있는 가장 효과적인 수단은 기도입니다. 그 어떤 방법보다 기도를 통해서 많은 이에게 큰 영향력을 행사할 수 있으며 그리스도의 일을 위해 더 큰 역할을 감당할 수 있습니다. 인도자는 기도에 대해 우리가 해야만 하는 유일한 일은 아니지만, 우리가 할 수 있는 최대의 일임을 전합니다.**

다. 파장형기도의 실제

1) 나를 위한 기도

파장형기도는 나를 위한 기도에서부터 시작됩니다. 자신의 필요와 문제들을 놓고 하나님의 은혜와 축복을 구한 후, 자신의 사명을 이룰 수 있도록 기도합니다.

▶▶▶ 파장형기도는 자기 자신의 신앙생활을 위해서, 하나님 안에서 더 깊은 은혜와 은총을 받기 위해서, 여러 가지 신앙적인 문제를 위해서, 또 생활의 문제 해결을 위해서 하나님께 간절히 기도하는 것으로 시작됩니다.

2) 가족과 친지를 위한 기도

그다음에는 가장 가까운 사람들, 즉 배우자와 자녀, 부모님을 위해서 기도합니다. 그리고 형제자매, 가까운 친지들을 위해 기도하고 친구들을 위해 기도합니다.

▶▶▶ 자신에게 필요한 것을 간절히 기도하고 난 다음에는 가족을 위한 기도를 합니다. 아내와 남편의 신앙이라든지 건강 문제 등을 위해 기도합니다. 그 다음에는 자녀를 위한 기도를 합니다. 자녀를 위한 기도 다음 부모님에 관한 여러 가지 문제를 놓고 기도합니다. 그리고 난 다음에는 자기의 형제들을 위해서 기도합니다. 그다음 가장 가까운 친척부터 먼 친지까지, 일가친척 모두가 구원받고 필요한 것들을 공급받도록 간절히 기도하고, 이어서 친구나 동료와 같은 가까운 친구들을 위해서 기도합니다.

3) 교회와 목회자를 위한 기도

교회를 위해 기도할 때에는 특별히 목회자를 위해 기도합니다. 목회자는 영적인 지도자로서 기도를 많이 해야 할 뿐만 아니라 기도를 많이 받아야 하는 위치에 있습니다.

▶▶▶ 교회와 목회자들이 복음 증거와 사역에 있어서 담대해질 수 있도록 기도합니다. 또한 하나님의 말씀을 깨닫게 하사 성령님의 권능을 의지하여 행할 수 있도록 기도해야 합니다.

4) 나라와 민족을 위한 기도

내가 살고 있는 도시와 나라를 위해서 기도합니다. 마음껏 신앙생활을 하고 선교에 힘쓸 수 있는 여건이 조성되도록, 많은 사람이 구원받을 수 있도록 기도합니다.

▶▶▶ 특히 정부 당국자를 위해 규칙적으로 기도해야 합니다. 우리가 평화로운 삶을 살면서 우리의 신앙과 삶의 양식을 마음껏 발휘할 수 있는 여건을 조성하는 데 그들이 이바지하게 해달라고 기도해야 합니다. 바울은 '임금들과 높은 지위에 있는 모든 사람'을 위해서 기도할 것을 권면하고 있습니다. 그 당시 정치적으로나 종교적으로 높은 지위에 있었던 사람들은 그리스도의 복음에 적대적이었습니다. 그러나 바울은 위에 있는 권세에 굴복하고 그들을 위해 기도하라고 전합니다. 그 이유는 그리스도인들이 '모든 경건과 단정한 중에 고요하고 평안한 생활을' 하기 위해서입니다(디모데전서 2:2). 평화롭고 고요하며 박해가 없는 환경은 그리스도인들로 하여금 경건한 삶을 살면서 기독교의 실체를 나타낼 수 있도록 해줍니다.

5) 세계선교를 위한 기도

가까운 나라인 일본과 중국, 다른 아시아 국가들을 위해서 기도합니다. 특별히 미전도종족의 복음화와 국외선교사와 그들의 사역을 위해서 기도가 필요합니다. 그리고 대륙별로 묶어서도 기도할 수 있습니다.

▶▶▶ 불특정한 나라를 위해 기도할 때는 먼저 예수님께서 명하신 대로 추수할 일꾼들을 보내어 달라고 기도합니다(마태복음 9:38). 그리고 "내게 구하라 내가 열방을 유업으로 주리니"(시편 2:8)라는 하나님의 말씀처럼 각국의 영혼들이 구원받도록 기도합니다. 그다음으로는 특정 지역에서 이루어지고 있는 선교와 각국 교회들의 사역과 선교사들의 수고 위에 축복해 주시도록 하나님께 기도합니다.

▶▶▶ 인도자는 교회에서 함께 파장형기도를 할 때, 다음을 고려하라고 전합니다.

1) 기도해야 할 대상의 순서를 미리 정합니다.

- 기도순서를 적은 쪽지를 사람들에게 나누어 주어 순서에 따라 기도하게 합니다. 아니면 기도를 인도하는 목회자가 강단 앞에 서서 기도순서에 따라 기도제목을 제시하고, 매 기도제목에 대해서 몇 분씩 기도하자고 제의합니다.

2) 인도자는 기도제목의 순서를 잘 정하고 각 기도제목에 대해 시간을 잘 배분합니다.

- 기도가 끝나는 시간이 되면 종을 울려서 그 제목에 대한 기도가 끝났음을 알리고, 그다음 제목을 알려 주어 기도하는 것을 계속해야 합니다. 이렇게 하면 원하는 만큼 오랫동안 합심해서 기도할 수 있습니다.

더불어 나눔

1. 자화상기도의 다섯 가지 예시 중, 가장 마음에 와 닿았던 것이 무엇이며 그 이유는 무엇인지 나누어 봅시다.

▶▶▶ 인도자는 특별히 와 닿았던 것을 말할 수 있게 해주고, 그와 관련된 경험이 있다면 함께 간증으로 나눌 수 있게 합니다. 그리고 다섯 가지 예시 외에도 자신이 평소에 말씀 안에 자신을 대입했던 부분이 있다면 말할 수 있도록 인도합니다.

2. 파장형기도를 통해 내가 품고 기도해 주어야 할 대상을 한 명 한 명씩 정성껏 기록해 보는 시간을 가져 봅시다.

▶▶▶ 인도자는 적어나갈 때에도 기도하는 마음, 사랑하는 마음으로 적을 수 있게 합니다. 만약 구성원 중에 적은 내용을 나누고 싶어 하는 사람이 있다면 함께 공유할 수 있게 합니다(함께 나누게 되면 기도해 주고자 하는 마음을 더욱 공고히 할 수 있다고 미리 이야기합니다).

마음 밭에 심기

주제 말씀 암송

그러므로 우리는 기회 있는 대로 모든 이에게 착한 일을 하되 더욱 믿음의 가정들에게 할지니라 갈라디아서 6:10

▶▶▶ 인도자는 그리스도인들이 다른 누군가에게 할 수 있는 최고의 착한 일이 기도라고 전합니다. 누군가를 향한 진실한 기도는 사랑하는 마음이 없이는 이루어질 수 없습니다. 그렇게 기도해 주고자 하는 사람이라면 삶 속에서도 보다 진실한 사랑으로 대하게 됩니다. 이를 기억하면서 이 성구를 함께 외우자고 말합니다.

마음에 새기기

▶▶▶ 인도자는 마음에 새기기를 통해 이 과에서 배운 내용을 점검하고 중요 내용을 숙지할 수 있어야 한다고 말합니다. 읽을 때에는, 스스로 읽고 복습하는 것도 좋지만 서로 짚어 주는 것이 더 효과적일 수 있습니다. 그러므로 소그룹별로 읽어볼 수 있도록 유도합니다. 또한 인도자는 한 주에 한 번 이상 이 내용을 각자 체크할 수 있도록 권면합니다.

자화상기도는 우리의 이미지와 신분을 계속 확인하면서 우리 자신을 드리는 기도입니다

1. 자화상기도는 우리를 하나님께 철저히 헌신하게 합니다.
2. 자화상기도를 통해 하나님과 나의 관계가 분명해집니다.
3. '하나님은 창조주, 우리는 피조물', '하나님은 목자, 우리는 양', '하나님은 토기장이, 우리는 진흙', '예수님은 포도나무, 우리는 가지', '주님은 신랑, 우리는 신부'임을 고백하며 자화상기도를 하도록 합니다.

파장형기도는 기도의 영역을 조금씩 넓혀 가면서 순차적으로 중보기도하는 것입니다

1. 파장형기도는 서로 사랑하는 힘을 길러줄 뿐만 아니라 나 자신에게도 영적인 유익을 가져다줍니다.
2. 파장형기도는 사람들을 향해 하나님께서 갖고 계시는 마음과 같은 마음을 갖게 합니다.
3. 파장형기도는 나를 위한 기도, 가족과 친지를 위한 기도, 교회와 목회자를 위한 기도, 나라와 민족을 위한 기도, 세계선교를 위한 기도 순으로 진행합니다.

▶▶▶ 인도자는 이 과를 정리하며 마무리합니다. 우리는 이 과를 통해 자화상기도와 파장형기도라는 두 가지 형태의 기도훈련 모델을 배웠습니다. 이 기도 방법을 통해 하나님과 보다 친밀한 관계로 나아가고, 더 많은 사람을 기도로 품을 수 있게 될 것입니다.
다음 시간에는 이 과에 이어서 두 가지 기도훈련 모델(주기도문기도, 성막형기도)에 대해 배우게 될 것입니다.

제7과

기도훈련의 모델 2

- 주기도문기도, 성막형기도-

오늘 우리는...
- 이 과를 통해, 주기도문기도의 유익과 실제에 대해 알게 됩니다.
- 이 과를 통해, 성막형기도의 유익과 실제에 대해 알게 됩니다.

▶▶▶ 인도자는 지난 과에 이어서 기도훈련의 모델 중, 주기도문기도와 성막형기도에 대해서 살펴보게 된다고 전합니다. 이 두 가지 기도모델이 어떤 유익이 있고 어떻게 우리의 기도에 적용할 수 있는지를 배워 보자고 말하며 이 과를 시작합니다.

마음 문 열기

'루시'와 '빌마'라는 오누이가 있었습니다. 그들은 날 때부터 소경이었고, 집은 매우 가난해서 많은 어려움을 겪었습니다. 루시는 그 당시를 이렇게 회상하고 있습니다.

"내가 열 살 때, 아버지께서 실직하셨습니다. 그때가 바로 크리스마스였는데, 우리에게는 아무 선물도 없을 것이라고 생각했습니다.

크리스마스는 여느 다른 날과 별 차이가 없었습니다. 그날 아침 우리가 식탁에 앉자 어머니께서는 주기도문을 외우셨습니다. 어머니께서 "우리에게 일용할 양식을 주옵시고"라고 말씀하실 때는 목소리가 가라앉으셨습니다. 어머니께서 울고 계셨던 것입니다. 하지만 내 동생과 나는 끝까지 주기도문을 다 외웠습니다.

기도를 막 끝냈을 때, 어떤 사람이 현관문을 두드렸습니다. 그 분은 이웃집 사람인데 우리의 아침 식사를 위해 갓 구워낸 빵을 갖다 주셨습니다. 그 해 크리스마스, 하나님께서는 친히 우리에게 와주셨던 것입니다."

▶▶▶ **이 과에서 배우게 될 기도모델 중 하나가 바로 주기도문기도입니다. 인도자는 주기도문에 나온 그대로 하나님이 삶 속에서 역사하신 것에 주목하면서 주기도문의 위력을 먼저 느껴 보자고 말해 줍니다. 그리고 우리도 주기도문을 통해 이 땅에서 하나님 나라를 경험하자고 말하며 기대감을 심어 줍니다.**

여기서 잠깐

우리는 주기도문 안에 담긴 능력을 어떻게 체험하며 살고 있습니까?

▶▶▶ 인도자는 주기도문을 한 구절씩 떠올려볼 수 있게 합니다. 그리고 이 땅에서 하나님의 이름이 높아지고, 하나님의 나라가 내 삶에 임하고, 하나님의 뜻이 지금 이 시간에 이루어지고, 필요한 것들이 채워지고, 서로 용서하는 역사와 내가 용서 받는 역사가 일어나고, 시험과 악으로부터 구함을 받는 일들이 기도대로 이뤄진다고 말합니다. 그것을 먼저 신뢰함으로 나아가면 내 삶 가운데서 그 역사들이 하나하나씩 이루어짐을 목격하고 체험할 수 있게 된다고 전합니다.

배움과 익힘

▶▶▶ 이번 시간에는 6과에 이어 두 가지 기도모델을 더 살펴보게 됩니다. 이번 시간까지 배우는 총 네 가지 기도모델을 통해 구체적인 기도훈련 방법을 알게 될 것입니다. 인도자는 이것이 이론에 그치는 것이 아니라 실제 기도의 삶에 적용될 수 있어야 한다고 전하면서 이 과를 시작합니다.

1. 주기도문기도 훈련

가. 주기도문기도(The Lord's Prayer)란?

주기도문은 예수님께서 우리에게 "이렇게 기도하라"며 가르쳐주신 기도 교본입니다(마태복음 6:9-15; 누가복음 11:2-4). 또한 주기도문은 형식적인 기도문이나 예배의식을 위한 장식물이 아니라 모든 기도의 모본이 되는 기도의 대헌장입니다.

나. 주기도문기도의 유익

1) 모범적인 기도

주기도문은 예수님께서 제자들에게 직접 가르쳐주신 기도 방법으로, 그 안에는 우리가 기도해야 할 모든 내용과 대상이 포함되어 있습니다. 그러므로 완전한 기도를 드릴 수 있게 해줍니다.

▶▶▶ 인도자는 주기도문을 통해 '무엇을 먼저 기도할 것인가?'라는 사실에 관해 완벽한 모범을 발견할 수 있다고 전합니다. 특히 먼저 드려야 할 기도의 시작은 "하늘에 계신 우리 아버지여 그의 이름이 거룩히 여김을 받으시옵소서 하나님의 나라가 임하옵소서 하나님이 다스리고 하나님의 주권이 우리의 역사 속에 나타나길 바라며 하나님의 뜻이 이루어지길 원합니다"라고 가르쳐 줍니다.

2) 간결하고 단순한 기도

주기도문은 1분 이내에 드릴 수 있는 기도입니다. 그러므로 짧은 시간에도 하나님께 온전한 내용을 담아 기도할 수 있게 해줍니다.

▶▶▶ 주기도문은 기도에 관한 모든 가르침을 요약하고 있습니다. 또한 주기도문은 짧지만, 인간의 과거와 현재와 미래를 다 포함하고 있습니다. 예를 들어 "우리에게 일용할 양식을 주옵시고"는 현재 우리의 필요를 간구하는 것이며, "우리에게 죄지은 자를 사하여 준 것 같이 우리의 죄를 사하여 주옵시고"는 우리의 과거를 치유해 달라는 기도입니다. 그리고 앞으로 다가올 수 있는 시험에 대해서 "우리를 시험에 들지 말게 하옵시고 다만 악에서 구하옵소서"는 미래를 위한 기도입니다. 즉 주기도문에는 인간의 과거를 치료하며, 현재를 치료하고, 미래를 치료하는 인간의 모든 문제의 해결을 포함하고 있습니다.

다. 주기도문기도의 실제

1) 하나님의 이름을 찬양하기

모든 기도가 그러하듯 주기도문도 하나님을 향한 찬양으로 시작됩니다. 경외감과 친밀감을 가지고 하나님의 이름을 높이는 것은 하나님을 만유의 주재와 창조주로 인정하고 선포하는 것입니다. 이러한 기도를 드릴 때 우리는 가장 높으신 하나님과의 관계로 열등감을 치료받을 수 있습니다.

> 그러므로 너희는 이렇게 기도하라
> 하늘에 계신 우리 아버지여
> 이름이 거룩히 여김을 받으시오며 마태복음 6:9

▶▶▶ 하나님 이름의 의미는 첫째로, 하나님의 모든 속성을 대표합니다. 우리가 어떤 사람의 이름을 부를 때 그 사람의 인간 됨됨이, 취미, 성격, 기질을 생각하는 것처럼 우리는 하나님의 이름을 부르며 하나님의 모든 것을 생각합니다. 또한 하나님의 이름을 통해서 하나님의 전능하신 능력과 거룩하심과 선하심을 생각하고, 또한 긍휼하심과 자비로우심을 생각하게 됩니다.
둘째로, 하나님의 이름은 하나님의 활동을 의미합니다. 내가 하나님의 이름을 높이기를 원하는 순간에 하나님은 나와 관계하시며, 나를 높이시며, 내 생활 속에 들어와 나를 간섭하시며, 나의 생활을 주장하시며, 역사하시는 하나님임을 나타내십니다(시편 20:1).

2) 하나님의 나라를 구하기

하나님께서 다스리시는 영역, 즉 하나님의 나라가 확장되는 것은 우리가 늘 먼저 구해야 할 부분입니다(마태복음 6:33). 그러므로 하나님의 나라와 그분의 뜻이 전 세계 위에 임하도록 기도해야 합니다. 이러한 기도를 드릴 때 우리는 좌절감을 물리칠 수 있습니다.

> 나라가 임하시오며 뜻이 하늘에서 이루어진 것 같이
> 땅에서도 이루어지이다 마태복음 6:10

▶▶▶ 여기서 '뜻'(θελημα, 델레마)이란 말은 하나님의 의로운 요구들(마태복음 7:21, 12:50)과 구원사에서 어떤 사건을 일으키고자 하시는 계획(마태복음 18:14, 26:42; 사도행전 21:14)을 포함합니다. 그러므로 하나님의 뜻이 이루어지기 위해서는 십자가와 같은 사건들이 일어나야 하고 동시에 우리는 하나님의 뜻에 우리 자신을 굴복시켜야 합니다. 하나님의 나라는 그리스도께서 그 마음을 다스리시는 모든 하나님의 자녀 가운데 내재하시기 때문입니다. 우리가 이러한 기도를 드릴 때 우리의 능력과 힘을 의지하다가 포기하게 되는 좌절감에서 벗어나게 됩니다.

3) 하나님의 축복을 기대하기

하나님은 우리의 필요를 채우시는 분이십니다. 여호와(야훼) 이레(창세기 22:3)가 되십니다. 그러므로 우리는 매일 하나님으로부터 육체적, 영적, 환경적인 필요를 공급받아야 합니다. 이러한 기도를 드릴 때 우리는 불안감을 떨쳐낼 수 있습니다.

> 오늘 우리에게 일용할 양식을 주시옵고 마태복음 6:11

▶▶▶ 인도자는 일용할 양식을 구하는 기도와 다음과 같은 책임을 우리에게 요구한다고 전합니다.

1) 기도의 책임

우리는 먼저 주님께서 명령하고 당부하고 부탁하신 그대로 기도해야 합니다. 즉, 일용할 양식을 위해서 기도해야 합니다.

2) 일의 책임
이 기도는 노동의 책임을 수반하고 있습니다.

3) 감사와 자족의 삶
양식은 선물입니다. 먹고 살게 해주시는 하나님의 놀라운 은혜 앞에 감사해야 합니다. 또한, 감사한 마음으로 주신 것에 대하여 자족해야 합니다.

4) 구제와 선교의 책임
하나님이 우리에게 풍성하게 주신 것은 나누기 위해서입니다. 일용할 양식은 영적인 양식으로까지 확대되어 선교의 책임을 동반하고 있습니다.

4) 하나님의 용서를 사모하기

인간관계는 행복하고 성공적인 삶을 살아가는 데 중요한 요소입니다. 우리는 먼저 기도를 통해 갈등의 관계에 있는 사람들을 예수님의 이름으로 용서해야 합니다. 그뿐만 아니라 나의 기도가 필요한 사람들을 위하여 주님의 이름으로 축복해야 합니다. 이러한 기도를 드릴 때 우리는 죄책감에서 놓일 수 있습니다.

> 우리가 우리에게 죄 지은 자를 사하여 준 것 같이
> 우리 죄를 사하여 주시옵고 마태복음 6:12

▶▶▶ 이 기도는 우리가 하나님 앞에서 아직도 범죄하고 있는 죄인들이라는 사실을 인정하게 해줍니다. 또한 죄를 용서받기에 앞서 타인의 죄를 용서해 주는 모습이 그리스도인들에게 필요하다는 사실을 가르쳐 주고 있습니다.

▶▶▶ 만일 우리가 다른 지체들의 죄악을 기꺼이 용서해 주지 않는다면, 우리는 하나님의 용서와 기도 응답을 기대할 수 없습니다. 따라서 사람을 용서함은 하나님께 받아들여질 수 있는 기도를 드리기 위한 절대적인 조건입니다. 하나님의 용서를 구하고 우리를 용서하심을 확신하게 되면 죄책감에서 자유하게 됩니다.

5) 하나님의 보호를 간구하기

우리는 시시때때로 영적 전쟁에서 승리하기 위해 하나님의 권능을 구해야 합니다. 시험이 주관적인 유혹이라면 악은 객관적인 실재입니다. 매일 유혹과 죄악에서 우리 자신과 우리의 가족을 보호해 달라고 기도해야 합니다. 이러한 기도를 드릴 때 우리는 공포감에서 해방될 수 있습니다.

> 우리를 시험에 들게 하지 마시옵고
> 다만 악에서 구하시옵소서…… 마태복음 6:13

▶▶▶ 이 구절은 사탄에 의하여 시험에 빠지지 않게 해달라는 간구로 볼 수 있습니다. 하나님은 악에게 시험받지도 아니하시고 친히 악으로 아무도 시험하지 않으십니다. 즉 여기의 간구는 보호하심을 비는 간청입니다. 이 간구는 유혹의 위험이 있음을 인정하고 우리가 그 유혹 앞에서 연약함을 고백하며 그 유혹으로부터 구원을 간청하는 것입니다. 다시 말하면, 이 간구는 악과 악한 자로부터 자신을 보호하기 위해서는 하나님께 의존해야 한다는 사실을 잘 보여주고 있습니다.

▶▶▶ 시험을 극복하는 승리의 비결은 이 세상이 시험으로 가득 찬 상황임을 분명히 깨닫는 것입니다. 또한 스스로 이 시험에 대한 경각심을 가져야 하고, 시험에 들 수 있는 기회와 장소를 거부해야 합니다.

6) 하나님의 영광을 선포하기

주기도문의 끝맺음은 하나님께 대한 찬양입니다. 모든 기도는 찬양으로 시작해서 찬양으로 끝납니다. 하나님의 은혜와 축복을 마음껏 찬양하며 영원히 영광을 돌리는 것이야말로 하나님을 가장 영화롭게 해드리는 일입니다. 이렇게 기도할 때 우리는 허무함을 이겨낼 수 있습니다.

……(나라와 권세와 영광이 아버지께
영원히 있사옵나이다 아멘) 마태복음 6:13

▶▶▶ 이 구절은 자신의 삶과 다른 모든 사람의 삶을 하나님께서 통치하신다고 믿는 것입니다. 하나님을 우주의 유일한 주님이시며 왕이시며 모든 복과 모든 선의 원천이신 분으로 인정하는 것입니다.

▶▶▶ 이 송영은 하나님 나라와 구원을 기억하는 거룩하고 기쁜 찬양으로, 기도한 모든 것이 응답되기를 기원하는 마음으로 드립니다. 또한, 만유의 주이신 하나님께서는 성도의 기도를 반드시 들어 주실 능력과 사랑이 있으심을 확신하는 마음으로 드립니다. 주기도문은 지금껏 기도한 내용이 이루어질 것을 미리 확신하고 감사하는 동시에 다시 한 번 하나님의 영원한 주권을 찬양함으로써 완벽하게 끝마무리하고 있습니다.

▶▶▶ 인도자는 주기도문기도에 관해 전반적으로 다음과 같이 정리합니다.
우리의 마음과 삶이 주기도문의 내용과 일치하지 않으면, 하나님께서 우리의 기도를 응답해 주시지 않습니다. 예수님께서는 이 기도를 우리에게 주심으로 우리에게 기도하는 방법을 알려 주길 원하셨습니다.
하나님께서는 우리의 기도를 응답하시기 위하여 기다리고 계십니다. 따라서 우리가 하나님께로 다가가지 않으면 안 된다는 것을 알려 주시는 것입니다.
주기도문은 우리가 효과적으로 기도하는 데에 필요한 마음 상태와 우리가 무엇을 간구해야 할지를 일러 주는 안내서입니다.

2. 성막형기도

가. 성막형기도(Tabernacle Prayer)란?

성막은 모세가 하나님의 지시를 받아 만든 광야시대의 성전입니다. 성막의 구성은 성막 뜰, 성소, 지성소로 되어 있습니다. 오늘날에 눈에 보이는 성막은 없지만, 대신 성경은 "너희가 하나님의 성전"이라고 말씀합니다. 그러므로 하나님의 성막은 우리 자신입니다.

> 너희는 너희가 하나님의 성전인 것과
> 하나님의 성령이 너희 안에 계시는 것을 알지 못하느냐 고린도전서 3:16

성막형기도는 예수 그리스도를 통하여 하나님과 나의 관계를 확인할 수 있는 기도입니다. 제일 먼저 성막 뜰에 있는 번제단 앞에서, 물두멍 앞에서, 그다음에는 성소에 들어가 등대 앞에서, 진설병 상 앞에서, 분향단 앞에서, 그리고 지성소에 들어가 언약궤 앞에서, 하나님의 보좌(속죄소) 앞에서 위치를 옮겨 가면서 기도하게 됩니다.

이것은 예수 그리스도의 십자가에서 시작하여 성결, 성령과 나의 관계, 말씀과 나의 관계, 그리고 하나님의 보좌에 앉으신 그리스도와 나의 관계, 하나님과 나의 관계를 전부 점검하며 기도하는 것이라고 할 수 있습니다.

▶▶▶ **인도자는 성막의 의의에 대해 참고로 설명합니다.**
성막은 하나님께서 그의 선민 가운데 거하시는 장소이며 또한 자신을 계시하는 곳입니다. 성막 안에서 하나님은 인간과 더불어 거하기를 추구하십니다.

이것은 인간을 하나님께로 가까이 인도함으로 하나님의 존재를 현실적으로 이해하도록 해주는 계기가 됩니다. 실질적으로 성막의 의의는 하나님과 그의 백성 사이의 만남에 있습니다.

또한 성막은 신약의 예수 그리스도를 상징합니다(히브리서 9:11-12). 우리는 성막에 담겨 있는 영적 의미를 통해 죄 사함을 체험하고, 믿음을 고백하며, 성령과 연합하는 기도를 드릴 수 있습니다. 광야시대 이스라엘 백성의 구심점이 되었던 성막 양식을 좇아 기도를 드림으로 하나님께 나아갈 수 있는 것입니다. 성막형기도는 우리를 깊은 영적 차원의 기도세계로 인도합니다.

나. 성막형기도의 유익

1) 예수 그리스도의 은혜를 더함

성막의 각 성물이 상징하는 바를 떠올리면서 예수님의 은혜를 다시 한 번 깨닫게 되고, 이를 통해 깊은 은혜에 잠겨 기도할 수 있습니다.

2) 질서정연한 기도

단계별로 체계적인 기도를 할 수 있습니다. 또한 이 과정에서 하나님을 만나는 길을 발견하게 됩니다.

다. 성막형기도의 실제

1) 찬양의 단계(번제단)

번제단은 성막 뜰에서 희생 제물을 드리던 단입니다. 놋으로 만든 이 번제단은 예수 그리스도의 십자가 구원을 상징합니다. 그러므로 번제단 앞에 선 우리는 예수 그리스도의 십자가로 구원을 주신 하나님을 찬양해야 합니다.

> 너는 조각목으로 길이가 다섯 규빗, 너비가 다섯 규빗의 제단을 만들되
> 네모 반듯하게 하며 높이는 삼 규빗으로 하고 출애굽기 27:1

▶▶▶ 성막 문에 들어서면 성막 뜰에 제일 먼저 번제단이 있습니다. 그러므로 주님 앞에 나아가 성막형기도를 할 때 번제단에서부터 기도해야 합니다.

▶▶▶ 번제단은 하나님의 심판을 의미합니다. 인간은 모두 범죄한 죄인이므로 하나님의 심판을 받을 수밖에 없는 존재입니다. 인간은 죄 있는 그대로 하나님 앞에 나가면 죽임을 당하기 때문에 죄의 문제를 해결하지 않은 채 하나님 앞에 나아갈 수 없습니다. 그러므로 이스라엘 백성은 하나님 앞에 나아갈 때 희생제물로 드릴 짐승을 가지고 와서 그 짐승의 머리 위에 손을 얹어 자신의 죄를 전가시켰습니다. 그리고 그 짐승을 잡아 피를 번제단에 뿌리고 그 몸을 제단 위에 놓고 불로 살라 제사를 드렸습니다. 우리는 예수님의 십자가 즉 번제단 앞에서 예수 그리스도의 보혈을 감사하고 보혈의 능력을 믿음으로 의지하며 기도해야 합니다.

2) 자백의 단계(물두멍)

물두멍은 번제단과 성소 사이에 위치한 놋으로 만든 대야이며, 제사장들은 이곳에서 자신을 씻어 정결하게 되는 의식을 가졌습니다. 이 물두멍은 성결을 위한 자백을 상징합니다. 그러므로 물두멍 앞에 선 우리는 주님의 보혈을 의지하여 죄를 온전히 고백해야 합니다.

> 그들이 회막에 들어갈 때에 물로 씻어 죽기를 면할 것이요
> 제단에 가까이 가서 그 직분을 행하여
> 여호와(야훼) 앞에 화제를 사를 때에도 그리 할지니라 출애굽기 30:20

▶▶▶ 물두멍은 성결을 상징합니다. 제사장들이 성소에 들어가기 전에 자신을 정결하게 하기 위하여 손과 발을 씻는 곳이 물두멍입니다. 이 물두멍 앞에서 성결하기 위해서 죄를 자백하는 기도를 해야 합니다.

3) 간구의 단계(등대)

등대는 성소 좌측에 일곱 가지로 된 황금 촛대입니다. 이 등대는 예수 그리스도의 성령을 상징합니다. 성령은 여호와(야훼)의 신, 즉 지혜의 영, 총명의 영, 모략의 영, 재능의 영, 여호와(야훼)를 아는 지식의 영, 여호와(야훼)를 경외하는 영이십니다(이사야 11:2). 그러므로 등대 앞에 선 우리는 성령의 도우심을 끊임없이 간구해야 합니다.

> 너는 순금으로 등잔대를 쳐 만들되 그 밑판과 줄기와 잔과
> 꽃받침과 꽃을 한 덩이로 연결하고 출애굽기 25:31

▶▶▶ 성소에 들어가면 왼쪽에 정금으로 만들어진 등대가 있습니다. 등대는 일곱 가지로 되어 있는데, 그 일곱 가지는 일곱 영(요한계시록 4:5)을 의미합니다. 그리고 성전 안을 비추는 빛은 이 등대의 불빛밖에 없습니다. 등대의 빛은 성령의 빛을 의미하고, 하나님의 말씀을 깨닫기 위해서는 성령의 조명을 받아야 함을 깨닫게 해줍니다. 그러므로 오직 기도 가운데 성령충만함으로 성령의 조명과 계시를 받아야 하는 것입니다.

4) 헌신의 단계(진설병 상)

진설병 상은 성소 우측에 열두 덩이의 떡을 올려놓은 상입니다. 이 진설병은 그리스도의 말씀을 상징합니다. 육체를 위하여 음식을 먹듯 영을 위하여 말씀을 먹어야 합니다. 그러므로 진설병 앞에 선 우리는 날마다 그리스도의 말씀을 먹고 소화하여 새로운 힘을 얻어야

합니다.

> 상 위에 진설병을 두어 항상 내 앞에 있게 할지니라 출애굽기 25:30

▶▶▶ **진설병은 성전에 늘 배설해 놓는 떡인데, 이 떡은 바로 하나님의 말씀을 의미합니다. 진설병은 등대가 비추는 빛을 받고 있습니다. 등대의 빛이 사라지면 진설병은 보이지 않습니다. 그러므로 우리는 성령의 도우심으로 말미암아 하나님의 말씀을 밝히 볼 수 있음에 감사해야 합니다.**

5) 감사의 단계(분향단)

분향단은 성소 중앙에 향로가 놓인 단입니다. 이 분향단은 기도를 통한 감사를 상징합니다. 분향단 앞에 선 우리는 범사에 넘치는 은혜와 성령충만함을 주시는 하나님을 경배하며, 기도를 들어 주신 모든 결과에 대해 감사하는 기도를 드려야 합니다.

> 너는 분향할 제단을 만들지니 곧 조각목으로 만들되 출애굽기 30:1

▶▶▶ **분향단은 하루 24시간 내내 향기를 피우는 단입니다. 진설병과 마찬가지로 분향단 역시 등대의 불이 비춰야 보이는데, 이는 성령으로 감동해야 하나님께 찬양을 드릴 수 있음을 의미합니다. 우리는 분향단 앞에서 하나님 아버지께 감사기도를 드려야 합니다. 그리고 그리스도의 죽음을 통해 휘장이 갈라짐으로써 지성소로 들어올 수 있는 특권을 주신 것에 감사해야 합니다.**

6) 임재의 단계(언약궤)

언약궤는 지성소 안에 십계명, 만나 항아리, 아론의 싹난 지팡이를 넣어둔 법궤입니다. 이 언약궤는 예수 그리스도의 임재를 의미합니다. 그러므로 언약궤 앞에 선 우리는 매일의 삶 가운데 주님의 임재하심을 보고 느끼는 은혜를 체험할 수 있도록 기도해야 합니다.

> 이 율법책을 가져다가 너희 하나님 여호와(야훼)의 언약궤 곁에 두어 너희에게 증거가 되게 하라 신명기 36:26

▶▶▶ 언약궤는 아카시아 나무로 만들어서 금으로 씌운 것입니다. 이 언약궤는 예수 그리스도를 상징하는데, 십계명 돌판은 말씀이신 예수 그리스도를, 만나 항아리는 생명의 떡이신 예수 그리스도를, 싹난 지팡이는 부활의 생명되신 예수 그리스도를 각각 상징하고 있습니다. 이처럼 예수 그리스도를 상징하는 언약궤 앞에서 그리스도의 임재하심에 대한 우리의 신앙을 고백해야 합니다.

7) 자유의 단계(하나님의 보좌)

마침내 지성소 안에 있는 하나님의 보좌에 이르게 됩니다. 여기에서 우리는 마음을 열고 모든 기도제목을 내어 놓을 수 있습니다. 그리고 하나님과 기도를 통한 깊은 교제와 약속을 나누는 기쁨을 맛보게 됩니다.

> 내가 주의 지성소를 향하여 나의 손을 들고 주께 부르짖을 때에 나의 간구하는 소리를 들으소서 시편 28:2

▶▶▶ 언약궤의 제일 윗부분인 뚜껑 부분을 지성소(속죄소)라고 합니다. 이 지성소를 하나님 은혜의 보좌라고 하여 '시은좌'라고도 부릅니다. 지성소는 하나님의 영광이 임하는 곳으로서 대제사장이 1년에 한 번씩 피를 뿌려서 하나님께 속죄받는 곳입니다. 번제단에서부터 시작하여 단계별로 절차를 받아서 지성소 앞에 나온 후에는 자신의 모든 소원을 하나님께 자유롭게 아뢰는 기도를 합니다.

더불어 나눔

1. 주기도문이 우리의 고백에 그치지 않고 삶 속에서 실현될 수 있도록 결단하는 시간을 가져 봅시다.

▶▶▶ 인도자는 평소에 기도하던 주요 내용을 순서에 맞게 적어 보고, 오늘 배운 성막형기도와 대조해 보도록 합니다. 그리고 빠진 내용이 있다면 앞으로 기도하는 가운데 포함할 수 있게 합니다. 물론 성막형기도의 방법대로 기도해야만 하는 것은 아니지만, 내가 놓치고 있었던 부분들을 앞으로 함께 기도할 수 있다는 측면에서 이러한 작업이 필요할 것입니다.

2. 그동안 자신의 기도 내용을 돌아보면서 성막형기도에 포함된 단계들이 나타나 있었는지 나누어 봅시다.

▶▶▶ 인도자는 '여기서 잠깐'에서 나누었던 부분을 다시금 상기하면서 한 번 더 결단할 수 있게 합니다. 주기도문의 능력이 반드시 내 삶 속에서 현실로 나타나도록 신뢰하고 기대하면서 나아갈 수 있게 합니다.

마음 밭에 심기

주제 말씀 암송

너희는 너희가 하나님의 성전인 것과 하나님의 성령이 너희 안에 계시는 것을 알지 못하느냐 고린도전서 3:16

▶▶▶ 인도자는 성막형기도에서 나눴던 이 성구를 기억하면서 내가 하나님의 성전임을 늘 기억하자고 전합니다. 이 중요하고 위대한 사실을 늘 되새기고 기억한다면 보다 거룩한 기도자로 나아갈 수 있을 것입니다.

마음에 새기기

▶▶▶ 인도자는 마음에 새기기를 통해 이 과에서 배운 내용을 점검하고 중요 내용을 숙지할 수 있어야 한다고 말합니다. 읽을 때에는, 스스로 읽고 복습하는 것도 좋지만 서로 짚어 주는 것이 더 효과적일 수 있습니다. 그러므로 소그룹별로 읽어볼 수 있도록 유도합니다. 또한 인도자는 한 주에 한 번 이상 이 내용을 각자 체크할 수 있도록 권면합니다.

주기도문기도는 예수님이 가르쳐주신 기도의 모범안입니다

1. 주기도문 안에는 우리가 기도해야 할 모든 내용과 대상이 포함되어 있습니다.
2. 주기도문은 짧은 시간에도 하나님께 온전한 내용을 담아 기도할 수 있게 해줍니다.
3. 주기도문기도는 하나님의 이름을 찬양하고, 하나님의 나라를 구하고, 하나님의 축복을 기대하고, 하나님의 용서와 보호를 구하고, 하나님의 영광을 선포하는 단계로 진행됩니다.

성막형기도는 예수 그리스도를 통하여 하나님과 나의 관계를 확인할 수 있는 기도입니다

1. 성막형기도는 성물의 상징하는 바를 떠올림으로써 예수 그리스도의 은혜를 다시금 깨닫게 해줍니다.
2. 성막형기도는 단계별로, 체계적인 기도를 할 수 있게 해줍니다.
3. 성막형기도는 찬양, 자백, 간구, 헌신, 감사, 임재, 자유의 단계로 진행됩니다.

▶▶▶ 인도자는 이 과를 정리하며 마무리합니다. 우리는 이 과를 통해 주기도문기도와 성막형기도라는 두 가지 형태의 기도모델을 배웠습니다. 이 기도 방법을 통해 주기도문의 능력을 체험하고, 하나님의 거룩한 성전이 되어 기도할 수 있게 될 것입니다.
다음 과에서는 기도의 삶을 체크하는 방법, 기도생활화를 위한 방법 및 또 다른 기도모델 등을 나누게 될 것입니다.

제8과

기도 학교 워크북

오늘 우리는...

- 이 과를 통해, 기도 습관을 기르는 데 필요한 자료들을 살펴보게 됩니다.
- 이 과를 통해, 교회에서 함께 중보기도 하는 방법과 대상에 대해서 살펴보게 됩니다.

▶▶▶ 기도 학교에서 무엇보다 중요한 것은 기도를 생활화하는 것입니다. 이 과에서는 기도의 생활화를 위한 방법 및 점검사항들을 나누게 됩니다. 이어서 중보기도를 위한 방법들을 공유하게 됩니다.

마음 문 열기

미국의 저명한 심리학자인 빅토르 프랑클은 2차 대전 중 나치 독일의 강제 수용소 아우슈비츠에서 살아남은 사람입니다. 그때의 체험담인 『밤과 안개』라는 책에서 그는 다음의 경험을 고백하고 있습니다.

수용소의 유대인들이 병으로 죽어 가고 차례차례 가스실로 보내져 학살될 때였습니다. 프랑클도 영양실조로 몹시 쇠약해 졌으며 언제 가스실로 끌려갈지 몰라 죽음의 날만 기다리는 형편이었습니다. 이때 그는 체포되는 과정에서 헤어진 아내를 생각했습니다. 아내는 지금 어디로 끌려가 있는지도 모르는 상황이었습니다.

프랑클 교수는 자기도 이렇게 고통스러운데, 아내는 얼마나 고통스러울지 걱정하게 되었습니다. 그래서 여자의 몸으로 심한 고통을 당하고 있을 아내를 생각하며 날마다 기도를 했습니다. 그런데 이상하게도 아내를 위해 기도하면서 자신의 고통을 극복할 수 있었습니다. 약한 몸을 일으켜 노동을 감수할 수 있는 힘까지 얻었습니다.

프랑클은 그 경험을 떠올리면서 책에 이런 말을 썼습니다.

"누구든지 좋으니까 그대가 사랑하는 사람의 이름을 마음속으로 부르며, 그 사람과 함께 고통을 나누면서 살아 보라. 그대는 예상치도 않았던 힘이 어디선가 솟아나는 것을 발견할 것이다."

중보기도는 사랑을 기반으로 하며, 하나님은 그런 자들에게 더 큰 힘을 허락하십니다.

▶▶▶ **하나님은 우리가 서로 중보기도해줄 때 누구보다도 기뻐하십니다. 기도를 통해 하나님을 의지하는 것에 더하여, 하나님 안에서 서로 하나가 되는 모습이기 때문입니다. 인도자는 예화를 기억하면서 더욱 많은 사람을 향한 중보자가 되자고 전합니다.**

여기서 잠깐

중보기도의 대상자뿐만 아니라 중보기도를 하는 사람에게도 풍성한 하나님의 은혜가 임하는 이유는 무엇일까요?

▶▶▶ 인도자는 중보기도함으로써 내가 더 큰 은혜를 누린 적이 있다면 그때의 감격을 떠올려 보라고 전합니다. 그런 경험이 있는 사람이라면 그때 자신이 오히려 영적으로 풍성해 짐을 느꼈을 것입니다. 이 사실을 상기해 보면서 중보기도의 군사로 나아갈 것을 서로 권면하도록 합니다.

배움과 익힘

1. 기도 습관 기르기

가. 기도 서약문

매일 일정한 시간 동안 하나님과 만남의 시간을 가지겠다고 서약하는 것은 기도생활을 몸소 실천하는 데 강한 동기를 부여해 줍니다.

기 도 서 약 문

나의 삶을 통해 그리스도께서 영광 받으시길 원하시므로

나 __홍길동__ 은 매일 하나님과 만남의 시간을

__내 방__ (장소)에서 __아침 7시__ (시간)에 가질 것을 서약합니다.

서명 __홍길동__

날짜 __2012. 1. 1__

▶▶▶ 인도자는 서약문에 나와 있는 것 외의 다른 부분들도 추가시킬 수 있다고 전합니다. 가령, 어느 정도 기도할 것인지 등을 기록할 수 있습니다.

나. 기도생활 체크리스트

다음의 표를 보면서 평소 기도생활이 어떠한지를 정직하게 체크해 보도록 합니다.

점검 내용	전혀 아니다	아니다	보통이다	그렇다	매우 그렇다
	1점	2점	3점	4점	5점
1. 기도로 하루를 시작하고 마무리한다.		✓			
2. 주어진 일을 시작하기 전에 기도하는 시간을 가진다.			✓		
3. 예배 중 기도시간이 되면 적극적으로 기도에 동참한다.			✓		
4. 평소 기도생활에 도움이 되는 서적들을 즐겨 읽는다.			✓		
5. 가족 내에 어려운 문제가 생기면 기도가 더 간절해진다.		✓			
6. 평소 기도할 때 구체적으로 제목을 정하여 기도한다.		✓			
7. 일정한 시간과 장소를 정해 두고 기도하는 편이다.				✓	
8. 다른 이들을 위해 중보할 때 기도노트를 활용한다.		✓			

점검 내용	전혀 아니다	아니다	보통이다	그렇다	매우 그렇다
	1점	2점	3점	4점	5점
9. 새벽·철야기도 등 각종 기도회에 열심히 참석한다.			✓		
10. 기도훈련을 위한 프로그램이 있으면 관심 있게 참여한다.	✓				

※ 체크를 다 했으면, 문항마다 체크한 점수를 합산합니다. **점수 합계 (25)점**

점수	상태
41~50점	그리스도인으로서 모범적인 기도생활을 하고 있다. 더 겸손함으로 하나님 앞에 나아갈 수 있도록 격려한다.
26~40점	그런대로 기도생활을 열심히 하고 있다. 자신의 부족한 점을 짚어 보고 그것을 개선할 방법을 찾게 해준다.
10~25점	기도 학교를 가장 열심히 공부해야 할 사람들이다. 오늘부터 실제로 기도하는 삶을 살 수 있도록 시간과 장소를 정하게 한다. 기도생활을 점검하고 격려해 줄 수 있는 '기도의 짝'을 붙여 준다면 더 좋을 것이다.

다. 기도에 대한 이해 점검하기

평소 기도에 대해 어떻게 생각하고 있는지를 스스로 체크해 봅니다.

1. 자신의 기도 스타일은 어떻습니까?

① 하루 중 특별한 시간을 정해 놓고 매일 기도하고 있다.
② 기도의 중요성을 알고 있지만 예배시간 외에 기도생활은 불규칙적이다. ✓
③ 예배시간에 드리는 기도로 충분하다고 생각한다.

2. '기도' 하면 제일 먼저 떠오르는 생각은 무엇입니까?

① 하나님과 친밀한 교제
② 교회에서 예배 때 드리는 기도 ✓
③ 문제 해결을 위해 하나님께 구하는 것

3. 주기도문에 대해 평소에 어떻게 생각하십니까?

① 주기도문의 내용을 깊이 묵상하여 암송한다. ✓
② 주기도문의 중요성은 알지만, 기도문 내용의 의미까지는 알지 못한다.
③ 예배순서의 하나로 암송하는 정도이다.

4. '기도 응답'에 대해서 어떻게 생각하십니까?

① 하나님의 뜻 안에서 기도는 반드시 응답된다고 생각한다.
② 내 뜻대로 기도가 응답되었으면 좋겠다.
③ 기도 응답에 대해서 별로 생각해 본 적이 없다. ✓

5. 기도에 대해 공부하고 훈련받는다는 것에 대해 어떻게 생각하십니까?

① 기도도 방법과 훈련이 필요하다. 그러므로 배워야 한다.
② 기도훈련에 대해 나쁘게 생각하지 않지만, 꼭 필요하다고 생각하지도 않는다.
③ 기도는 배운다고 잘하는 것이 아니다. 연구와 실천은 전혀 별개의 문제이다. ✓

각자 체크한 문항마다 ①번은 10점, ②번은 5점, ③번은 3점씩 계산하여 세 점수를 합산합니다.

점수 합계 (26)점

점수	상태
36점 이상	성경에 나타난 기도의 의미를 올바로 이해하고 있으며, 그대로 기도하기 위해 애쓰면 된다.
21~35점	기도를 통한 하나님과의 교제를 사모하고 있지만 기도훈련이 부족하다. 조금만 권면하며 이끌어 주면 금세 기도를 생활화하는 일꾼이 될 수 있다.
20점 이하	형식적인 기도생활을 하고 있으며, 기도훈련에 대한 의욕이 없다. 기도에 관한 관심과 흥미가 우선적으로 필요한 상황이다.

▶▶▶ 인도자는 '나'와 '다'에서 체크한 것들을 나중에 시간이 흐른 후 다시금 체크해 보라고 말합니다. 기도 학교를 배우고 나서 기도의 삶에 더 가까이 나아간다면, 이후 체크 사항이 다르게 나타날 수 있기 때문입니다.

라. 기도동역자와의 관계 점검하기

다른 기도동역자들과 연합과 일치의 관계를 맺고 있는지를 스스로 체크해 봅니다.

▶▶▶ 이번 체크 리스트는 중보기도자로서 다른 기도동역자들과 영적인 연합과 일치를 위해서 어느 정도 노력하고 있는지를 점검하는 문항들입니다.

1. 믿음의 동료와 다투게 되었을 때 어떻게 하십니까?

☑① 기도가 막히고 답답해서 견딜 수 없기에 먼저 화해하려고 노력한다.
② 마음이 불편하지만 시간이 지나서 자연스럽게 문제가 해결되기를 기다린다.
③ 상대방이 먼저 사과하기까지는 용서되지 않는다.

2. 등반하는 과정에서 동료 중 한 명이 지쳐서 넘어진다면, 어떤 마음이 듭니까?

① 일정에 다소 차질이 생기더라도 함께 끝까지 가도록 격려할 것이다.
☑② 넘어진 사람은 중간 지점에 머물러 있게 하고 일단 목표를 향해 전진할 것이다.
③ 약한 사람 때문에 차질이 생긴 것에 화가 나서 계속 산행을 하고 싶은 마음이 사라진다.

3. 자신의 기도를 연주에 비유한다면, 어디에 참여하고 싶습니까?

① 오케스트라
☑② 4중주
③ 독주

4. 어떤 문제에 있어서 나와 다른 의견을 주장하는 사람을 볼 때, 어떤 생각이 드십니까?

① 나와 상대방이 지닌 의견의 장단점을 고려한 후, 장점을 취하려고 노력한다.
☑② 상대방을 이해하며 들어 주려고 노력하지만, 내 생각을 포기하기가 어렵다.
③ 솔직하게 말해서 은근히 화가 나고 그 사람과 대화하기가 싫어진다.

5. 중보기도모임에서 합심 기도제목을 가지고 기도할 때, 어떻습니까?

① 기도제목에 깊이 공감되어 전심으로 기도하게 된다.
☑② 마음이 하나 되는 것보다는 함께 모여 기도하는 것에 의미를 둔다.
③ 중보기도 할 때 내 마음이 절실하지 않은 경우가 많다.

각자 체크한 문항마다 ①번은 10점, ②번은 5점, ③번은 3점씩 계산하여 세 점수를 합산합니다.

점수 합계 (30)점

점수	상태
36점 이상	다른 기도동역자와의 연합과 일치를 중요시하며 그들과 조화된 동역의 관계를 이루고자 애쓰는 경우이다. 이러한 사람은 중보기도모임을 조화롭게 유지해 나가는 데 반드시 필요한 사람이므로 자신의 은사를 충분히 발휘할 수 있도록 격려해 준다.
21~35점	연합과 일치 못지않게 개인적인 신앙생활을 존중하는 스타일이다. 공동의 목표를 이루기 위해 개인을 희생할 줄 아는 훈련만 받는다면 훌륭한 기도 파트너가 될 수 있다.
20점 이하	더불어 살아가는 사람들과의 관계 개선이 먼저 요구된다. 사실 오늘날 교회 안에서도 이 부류에 속한 사람들이 늘고 있다. 인도자는 개인의 신앙생활이 중요하지만 공동의 신앙도 중요하다는 사실을 일깨워 줄 필요가 있다.

2. 중보기도

가. 중보기도생활 체크리스트

일상생활 속에서 얼마나 중보기도를 실천하고 있는지를 스스로 체크해 보시기 바랍니다.

1. 가정에서 특별히 기도하는 장소가 있습니까?

① 집안에서 기도하기 위해 정해 놓은 장소가 있다. ✓
② 가정에서의 기도생활이 불규칙적이라 특별히 정해 놓은 장소가 없다.
③ 가정에서 기도하는 때가 별로 없다.

2. 교회 안에 중보기도를 위한 공간이 따로 마련되어 있습니까?

① 중보기도팀이 모일 수 있는 정해진 공간이 있다.
② 모일 때마다 비어있는 장소에서 그냥 기도모임을 가진다.
③ 중보기도 할 수 있는 장소가 마땅히 없다. ✓

3. 정해진 기도시간 외에도 기도할 때가 있습니까?

① 기도해야 할 느낌이 오면 바로 기도한다.
② 구체적인 기도제목이 생기면 정해진 시간 외에도 가끔 기도한다. ✓
③ 정해진 시간에 기도하는 것도 쉽지 않은 일이다.

4. 일상생활 가운데 얼마나 기도가 생활화되어 있습니까?

① 일상생활을 하면서도 모든 일을 하나님께 아뢰고 있다.
② 쉬지 말고 기도해야 한다는 건 알지만 실천이 어렵다. ✓
③ 일상생활 속에서의 기도에 대해서는 특별히 생각해 본 적이 없다.

5. 늘 깨어 중보기도 하는 생활이 기쁘십니까?

① 중보기도를 위해 깨어있다는 자체가 나를 새롭게 하기 때문에 기쁘다. ✓
② 때로는 늘 깨어 있어야 한다는 것이 부담되어 짜증이 날 때가 있다.
③ 사실 늘 깨어 기도한다는 것이 무슨 의미인지 모르겠다.

각자 체크한 문항마다 ①번은 10점, ②번은 5점, ③번은 3점씩 계산하여 세 점수를 합산합니다.

점수 합계 (33)점

점수	상태
45점 이상	자신의 삶 가운데 중보기도가 생활화되어 있는 사람이다. 이러한 사람에게는 지금까지의 생활을 잘 유지하며 발전시킬 것과 일상 가운데 하는 기도라고 할지라도 마음을 다해 기도할 것을 당부할 필요가 있다.
35점 이상	중보기도를 실천하려는 노력은 엿보이지만 만족할만한 기도생활을 영위하지는 못하는 경우이다. 구체적인 장소나 시간을 정하여 작은 것부터 실천할 수 있도록 인도자가 도움을 주면 좋을 것이다.
25점 이상	일상생활 속에서의 중보기도가 무엇인지는 알고 필요성도 느끼고 있지만 실제적인 행동으로 옮기지 못하는 경우이다. 어느 부분에서 어려움이 있는지를 나누고 도와주는 일이 필요하다.
25점 미만	아직도 중보기도가 특별한 사람을 위한 것으로 생각하지는 않는지를 점검해 보아야 한다. 특별한 사람들에게만 주어지는 고달픈 일 정도로 생각하지는 않는지 기도생활의 점검이 필요하다.

나. 중보기도노트 사용법

체계적이고 구체적인 중보기도를 위해서는 중보기도노트를 사용하는 것이 좋습니다. 기도노트를 작성하게 되면 하나님께서 그 기도에 응답하셨는지 구체적으로 알 수 있게 되어 하나님께 구체적으로 영광을 돌릴 수 있게 됩니다. 그뿐 아니라 자신의 영적 성장을 기록으로 남길 수 있습니다.

중보기도노트에 기록할 사항은 다음과 같습니다.

1) 목회자 또는 다른 사람을 위한 중보기도

① 기도대상자 사진

사진을 보면서 기도하면 더 친근하게 기도할 수 있습니다.

② 기도대상자 신상

나이, 가족사항, 주소, 신앙상태, 직업 등을 기록합니다.

③ 기도제목

기도대상자의 기도요청을 구체적으로 적습니다.

④ 기도 구분

기도종류에 따라 다음과 같이 나눌 수 있습니다.

A: 긴급기도

B: 작정기도

C: 신유기도

D: 일반기도

⑤ 기도 시작일과 응답일

응답받을 때까지의 기도한 날짜와 시간을 적습니다.

⑥ 하나님의 응답

기도 중에 하나님께 받은 말씀이나 감동, 상황 변화 등을 날짜와 함께 기록합니다.

2) 개인기도

① 기도제목

자신의 기도제목을 구체적으로 기록합니다.

② 기도구분

기도 종류에 따라 다음과 같이 나눌 수 있습니다.

A: 긴급기도

B: 작정기도

C: 신유기도

D: 일반기도

③ 기도 시작일과 응답일

응답받을 때까지 기도한 날짜와 시간을 적습니다.

④ 하나님의 응답

기도 중에 하나님께 받은 말씀이나 감동, 상황 변화 등을 날짜와 함께 기록합니다.

▶▶▶ 인도자는 참석자 가운데 중보기도노트를 사용하는 사람이 있는지를 먼저 확인해 봅니다. 그리고 이야기를 들어 봅니다. 아마 그런 노트를 사용하고 있다면 분명 지속적이고 규칙적인 중보기도를 드리고 있는 사실을 발견하게 될 것입니다. 그리고 될 수 있으면 인도자가 먼저 중보기도노트를 미리 사용한 후, 그 경험담을 들려주는 것이 좋습니다.

3. 전교회 차원의 기도훈련 모델 - 깃발기도

가. 깃발기도란

개인별 기도훈련 못지않게 중요한 것이 교회차원의 기도훈련을 하는 일입니다. 교회차원의 기도훈련 프로그램으로는 미국 브라운스빌교회(Brownsville Assembly of God)에서 운영하는 깃발기도(Banner Prayer)가 유명합니다.

깃발기도란 주제별 기도제목을 깃발로 만들어 그 깃발 주위에서 여러 명 혹은 수십 명씩 모여 집중적으로 합심기도를 드리는 기도 프로그램을 말합니다. 브라운스빌교회에서는 모두 열두 가지 깃발을 만들어 사용하고 있습니다.

① 치유	② 가정	③ 어린이	④ (불신) 영혼
⑤ 목회자	⑥ 부흥	⑦ 사역 프로그램	⑧ 영적 전쟁
⑨ 국가 지도자	⑩ 학교	⑪ 위기 극복	⑫ 예루살렘의 평화

나. 깃발기도의 장점

1) 초점을 모으고 함께 기도드릴 수 있습니다.
2) 연합을 통한 강력한 능력의 파장을 일으킬 수 있습니다.
3) 기도를 통한 승리를 기대할 수 있습니다. 깃발은 승리의 하나님 즉 '여호와(야훼) 닛시'(출애굽기 17:15)를 상징합니다.

다. 깃발기도의 진행

1) 필요한 수만큼 미리 깃발을 제작해 성전 곳곳에 세워놓습니다.
2) 기도의 마음문이 열리도록 충분한 찬양시간을 갖습니다.
3) 깃발기도에 앞서 성령의 기름 부으심과 성결을 위한 기도를 드립니다.
4) 그런 후 참석자들은 깃발들을 돌며 각각 3~5분씩 집중해서 기도합니다.
5) 참석자들이 깃발에 모여 기도할 때 기도팀은 전체적으로 기도를 돕습니다.
6) 깃발기도가 끝난 후 성전을 둘러서서 영적 전쟁과 연합을 위해 기도합니다.
7) 서로를 위해 축복한 후 승리를 주신 하나님께 감사의 기도를 드립니다.

▶▶▶ **인도자는 깃발기도의 경험이 있는 구성원은 없는지 확인해 봅니다. 그런 구성원이 있다면 경험을 말해볼 수 있게 해주고, 각자 속한 공동체에서 진행해 볼 수 있도록 권유합니다.**

3. 세계를 향한 기도 - 10/40 창문(Window) 지역을 위한 기도

가. 10/40 창문(Window) 지역

세계지도 - 10/40 창

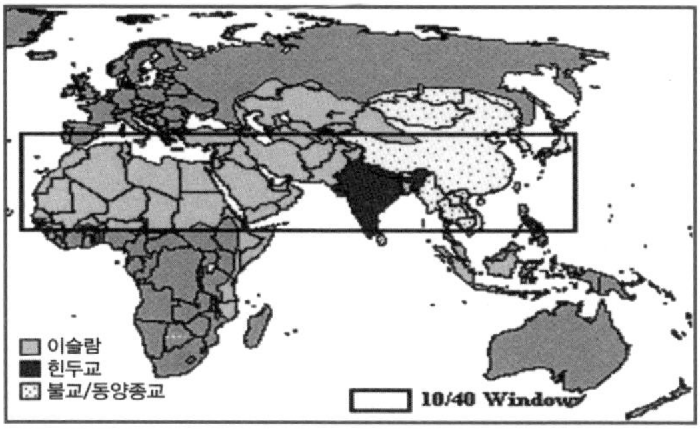

미국의 선교학자 루이스 부쉬 박사가 사용한 말로서, 서아프리카에서부터 중동을 지나 아시아까지 뻗쳐 있는 북위 10도에서 40도 사이에 있는 지역을 말합니다.

나. 10/40 창문(Window) 지역을 위해 기도해야 하는 이유

이 곳은 세계 미전도종족이 집중되어 있는 선교 주대상지역입니다. 이 곳은 이슬람, 힌두교, 불교의 어두운 세력 아래에 놓여 있는 지역으로 세계에서 복음화율이 가장 낮은 지역입니다. 인구는 무려 40억 이상이 살고 있음에도 복음화는 가장 낮기 때문에 시급히 기도해 주어야 할 지역입니다. 또한 영적인 빈곤뿐만이 아니라 연평균 국민소득이 50만 원도 되지 않는 극빈자들이 80%가량 됩니다.

▶▶▶ 인도자는 내가 모르는 사람을 위해서도 진정한 사랑을 품고 기도해 줄 수 있어야 한다고 전합니다. 특히 여기 나온 10/40 창문(Window) 지역에 대한 긍휼의 마음을 품고 이들을 위해 앞으로 꾸준히 기도하자고 말합니다. 또한 이 지역만이 아니라 지구촌에서 우리가 품어야 할 대상은 없는지 나누는 시간을 갖도록 합니다.

| 참고문헌 |

강문호 저, 『성막으로 성경을 말한다』, 한국가능성계발원, 1999.

김남준 저, 『기도마스터』, 규장, 1999.

이영훈 저, 『하나님이 기뻐하시는 교회』, 서울말씀사, 2009.

이영훈 저, 『성령이 너희에게 임하시면』, 서울말씀사, 2010.

이영훈 저, 『제자의 길』, 서울말씀사, 2010.

이영훈 저, 『십자가 순복음 신앙의 뿌리』, 서울말씀사, 2011.

이영훈 저, 『4차원의 영성 – 리더십 학교』, 교회성장연구소, 2010.

조용기 외, 『이렇게 기도하라』, 도서출판 청우, 1997.

홍성주 저, 『주기도문을 통한 영적 승리』, 서로사랑, 1996.

딕 이스트만 저, 김만태 역, 『깊은 기도의 행로』, 베다니출판사, 1999.

웨슬리 듀엘 저, 김지찬 역, 『기도로 세계를 움직이라』, 생명의말씀사, 1990.

빅토르 프랑클 저, 서석연 역, 『밤과 안개』, 종합출판범우, 2008.

| 추천도서 |

※ 추천도서는 시간이 날 때 자유롭게 읽을 수 있도록 권장합니다.

혹은 소그룹별로 독서보고서를 써서 함께 나누는 방법도 좋습니다.

이영훈 저, 『4차원의 영성 – 중보기도 학교』, 교회성장연구소, 2011.

MTS 기도 학교 - 지침서 -

초판 1쇄 발행 2012년 11월 12일
초판 3쇄 발행 2013년 11월 28일

지은이 이영훈
펴낸곳 교회성장연구소
편집인 이장석
편집장 노인영
기획 및 편집 박은혜 김태희 백지희
디자인 박진실
마케팅 김미현 이경재 문기현
MTS 사역 김미현 강지훈 이기쁨
행 정 박경희 김수정

등록번호 제12-177호
주 소 서울특별시 영등포구 여의공원로 101번지 CCMM빌딩 9층 901A호
전 화 02-2036-7912~3
팩 스 02-2036-7910
웹사이트 www.pastor21.net
MTS 전문몰 www.pastormall.net

ISBN 978-89-8304-203-3 04230

※ 책 가격은 뒤표지에 있습니다.
※ 잘못 만들어진 책은 바꿔 드립니다.

교회성장연구소는 한국 모든 교회가 건강한 교회성장을 이루어 하나님 나라에 영광을 돌리는 일꾼으로 성장하는 것을 목표로, 목회자의 사역은 물론 성도들의 영적 성장을 도울 수 있는 필독서들을 출간하고 있다. 주를 섬기는 사명감을 바탕으로 모든 사역의 시작과 끝을 기도로 임하며 사람 중심이 아닌 하나님 중심으로 경영한다. "무슨 일을 하든지 마음을 다하여 주께 하듯 하라"는 말씀을 늘 마음에 새겨 하나님이 주신 사명을 기쁨으로 감당한다.